ein
warmes
Licht
erfüllt den
Raum

## DIE SEHNSUCHT BLEIBT

**d**ie nacht hat nicht
das letzte wort
sie endet
am beginn des tages

der schmerz
die angst
die einsamkeit
sie werden still
bekommen einen ort

an tränenbächen
wächst
aus alter erde
neues leben
die tiefe
wird zum grund
und trägt

ganz innen angerührt
gehalten und geliebt
geschieht das wunder
dass es weiter geht

die wunde
schließt sich
wird zum schatz
verletzbarkeit
und stärke
sind gewinn

die sehnsucht bleibt

wie ein geschenk
empfange ich das licht:

es trägt und schützt
es birgt und heilt
ein sanfter mantel
und ein
starkes fundament
die kraft
die mich ermutigt
meinen weg
zu gehen

*Almut Haneberg*

# Ein warmes Licht erfüllt den Raum

## Inspirationen für Advent und Weihnachten

herausgegeben von Angelika Büchelin

Eschbach

Bibliographische Information der Deutschen Nationalbibliothek:
Die Deutsche Nationalbibliothek verzeichnet diese Publikation in der Deutschen Nationalbibliographie; detaillierte bibliographische Daten sind im Internet über http://dnb.d-nb.de abrufbar.

ISBN-10: 3-88671-558-2
ISBN-13: 978-3-88671-558-9

Im Alten Rathaus / Hauptstr. 37
D-79427 Eschbach / Markgräflerland


www.verlag-am-eschbach.de

Umschlagbild und Gestaltung: Ulli Wunsch, Wehr.
Satz: Schwabenverlag Media der Schwabenverlag AG, Ostfildern-Ruit.
Druck: Süddeutsche Verlagsgesellschaft Ulm.
Verarbeitung: Großbuchbinderei Spinner, Ottersweier

# Inhalt

# DIE SIEBEN TRÖSTUNGEN DES ADVENTS

Adventszeit ist Zeit des Trostes. „Tröstet, tröstet, mein Volk“, so hören wir die Stimme Gottes durch den Propheten Jesaja. Der Prophet Jesaja hat diese Worte aufgeschrieben, einige Jahrhunderte vor der Geburt Jesu. Sie sollten einem Volk Mut machen, das in die Gefangenschaft nach Babylon verschleppt worden war und jetzt traurig und trostlos vor sich hin lebte. Adventszeit ist Zeit des Trostes. Das Echo dieser mächtigen Stimme ist noch im Neuen Testament zu hören. Auch da ist im Vorspiel zur Weihnachtsgeschichte vom Trost die Rede. Der alte Simeon wartet in Jerusalem auf den Trost Israels. Er hat eine Prophezeiung erhalten, dass er nicht sterben soll, bevor nicht der Heiland der Welt geboren ist. Die Kraft, die er aus dem Warten bezieht, hat ihn am Leben erhalten. Jetzt, wo seine Augen den Heiland gesehen haben, kann er loslassen. Und wir? Sind wir ganz bei Trost in diesen Adventstagen? Jedenfalls singen wir von ihm in einem unserer schönsten Adventslieder: „Wo bleibst du Trost der ganzen Welt, darauf sie all ihr Hoffnung stellt? O komm, ach komm vom höchsten Saal, komm, tröst uns hier im Jammertal.“ Dennoch ist Trost für uns im Alltag ein fremdes Wort. Es gehört nicht zu den Worten, die wir täglich benutzen. Und doch ist es in bestimmten Situationen unersetzlich. Wissen wir noch wie es war, wenn wir als Kinder untröstlich waren? Wenn der Hamster oder der Kanarienvogel plötzlich tot im Käfig lag? Wenn ein Spielzeug zerbrach, das uns von allen Spielzeugen das liebste war? Von klein auf sind Menschen trostbedürftige Wesen. Später als Erwachsene haben wir es nur besser im Griff, unsere Trostbedürftigkeit zu verbergen.

Der Advent ist die Zeit des Trostes, weil etwas angesagt ist, auf das wir das ganze Jahr gewartet haben. Vielleicht sogar, wie der alte Simeon, ein ganzes Leben – und wir warten immer noch! Im Advent aber kommt zu uns herein, was uns trösten will. Es sind die Tröstungen des Advents, von denen ich sprechen möchte. Sieben davon habe ich gefunden:

Der Trost des Adventskalenders. Er spielte in meiner Kindheit eine große Rolle. Für jeden Tag war ein kleines Türchen vorgesehen, das ich jeden Morgen nach dem Aufstehen geöffnet habe – bis dann am 24. Dezember eine Doppeltür aufzumachen war, hinter der meist eine Szene aus dem Stall zu Bethlehem zu sehen war. Es gibt die Adventskalender auch heute noch, auch wenn sie oft nicht mehr christliche Symbole abbilden. Aber sie lehren uns noch immer das Besondere der Adventszeit, der Zeit im Advent, zu begreifen. Es besteht darin, dass jeder Tag sein eigenes Geheimnis hat, ein kleines Wunder birgt, eine besondere Freude bereit hält. Darauf werden wir aufmerksam gemacht, weil wir diese Kleinigkeiten im Strudel des Alltags oft übersehen. Kleine Überraschungsmomente, die sich aus der grauen Routine abheben und unser Leben zum Leuchten bringen. Der Adventskalender lässt uns begreifen, dass unsere Zeit voranschreitet – einem guten Ziel entgegen.

Der Trost des adventlichen Duftes. Die Adventszeit ist die Zeit der Weihnachtsbäckerei. Schon Wochen vorher durchzieht der Duft des Weihnachtsfestes Zimmer und Treppenhäuser. Und wenn die Bäcker noch so schönes Gebäck in ihren Schaufenstern liegen haben, nichts duftet so gut wie das im eigenen Backofen Gebackene. „Das Blümelein so kleine, das duftet uns so süß“, singen wir zu Weihnachten mit Begeisterung. Der Trost des adventlichen Duftes beweist, wie sinnenfroh ein Christenleben sein kann. Die abgestandene dicke Luft, die sich übers Jahr um uns herum breit macht und die Stimmung verdirbt, lassen wir zum Fenster hinaus, so dass wir empfänglich werden für den Duft des Weihnachtsgebäcks, den Duft frischen Tannengrüns und den Duft der Christrose.

Der Trost der Musik. Sie kommt aus einer Welt, zu der Worte keinen Zutritt haben und eröffnet uns Räume, die Sprache nicht erreichen kann. In ihr liegt das Geheimnis einer Harmonie, die uns im wirklichen Leben nur selten begegnet. Sie bringt etwas in uns zum Klingen, das uns anrührt, anregt und einstimmt in die alten Melodien des Advents. „Es kommt ein Schiff geladen", „O Heiland, reiß die Himmel auf", „Macht hoch, die Tür". Hört auf mit eurem Jammern, sagen diese Lieder, hört auf diese Klänge aus einer anderen Welt: Da kommt etwas an, auf das ihr schon gar nicht mehr gewartet habt. Eine Harmonie, die ich nicht sehen und nicht beweisen kann, die aber, wenn sie erklingt, etwas in mir bewirkt. Sie tröstet mich, weil sie mich hineinnimmt in ein himmlisches Konzert.

Der Trost der Tränen. Ja, auch die Tränen gehören zum Advent. Manchmal sind es Tränen der Erinnerung an vergangene Zeiten oder Menschen, die nicht mehr da sind. Zuweilen sind es Tränen der Entbehrung und des Schmerzes darüber, dass wir getrennt sind von etwas oder jemandem, mit dem wir gerade jetzt gerne zusammen wären. Aber es gibt auch Tränen der Freude und des Berührtseins von der Schönheit adventlicher Glücksmomente. „Auch wer zur Nacht geweinet“, heißt es in einem Adventslied von Jochen Klepper, „der stimme froh mit ein. Der Morgenstern bescheinet auch deine Angst und Pein.“ Die Botschaft Jesu, dass die Leidtragenden und Traurigen getröstet werden sollen, sie gilt gerade jetzt.

Der Trost der guten Worte. Im Advent machen wir die Erfahrung, dass Worte eben nicht Schall und Rauch sind. Auf Karten und in Briefen, per Telefon, e-Mail oder SMS schicken wir uns gute Botschaften zu. Wünsche zur Advents- und Weihnachtszeit zeigen, dass wir in diesen Wochen besonders aufmerksam füreinander sind. Licht und Segen sollen nicht nur bei uns bleiben, sondern ausstrahlen dorthin, wo Menschen sind, mit denen wir uns verbunden fühlen.

Der Trost der Dunkelheit. Manchmal ist es gerade die Dunkelheit, die tröstet. Nicht alles verträgt es, ans Licht gezogen zu werden. Manchmal ist es gut, wenn die Dunkelheit einen Mantel der Barmherzigkeit um uns legt und zudeckt, was uns beunruhigt oder schmerzt. „Gott will im Dunkel wohnen“, heißt es bei Jochen Klepper, „und hat es doch erhellt“. Darum wollen wir die Dämmerung und das Dunkel schätzen, denn „wohl zu der halben Nacht“ ist Gott selbst zur Welt gekommen.

Der Trost des Lichtes. Adventszeit ist vor allem die Zeit der Kerzen. Ich muss zugeben, ich bin skeptisch gegenüber der Elektrifizierung unserer Gärten im Advent und zu Weihnachten. Die Kerze erscheint mir angemessener. Auf ihre Flamme muss ich achtgeben, damit sie nicht verlöscht. Sie braucht meine Aufmerksamkeit, wenn ich sie entzünde und wenn ich sie auslösche. Sie ist nicht so bombastisch wie eine elektrische Lampe und doch mit einer großen Ausstrahlungskraft begabt. Die Geschichte vom alten König fällt mir dazu ein, der seine beiden Söhne zu sich ruft – in eine große Halle. „Bis zum Abend habt ihr Zeit, diese Halle zu füllen“, sagt er ihnen, „wer es schafft, soll mein Nachfolger werden.“ Der eine besorgt sich vom Bauern Stroh und füllt damit fast den ganzen Raum. Als es dunkel wird, erscheint der andere Sohn. Er stellt eine Kerze in die Mitte der Halle und zündet sie an. Und ihr warmes Licht erfüllt den ganzen Raum und lässt die Gesichter der Anwesenden leuchten. Da machte ihn, so wird berichtet, der alte König zu seinem Nachfolger.

Die sieben Tröstungen des Advents: der Adventskalender, der Duft, die Musik, die Tränen, die Worte, die Dunkelheit und das Licht. Wahrscheinlich gibt es noch weitere Tröstungen des Advents, darum erhebt diese Aufzählung keineswegs den Anspruch auf Vollständigkeit. Wichtig ist nur zu begreifen: der adventliche Trost vertröstet nicht, er verändert uns. Er leuchtet unser Leben aus, so wie schon eine Kerze einen ganzen dunklen Raum hell machen kann.

*Klaus Nagorni*

Dieses Büchlein greift die sieben Tröstungen des Advents, die Klaus Nagorni hier nennt, in einzelnen Kapiteln auf. In Gedichten, Erzählungen und Berichten werden diese Stichworte beleuchtet und zum Klingen gebracht.

Vielleicht wird der ein oder andere Text für Sie zu einem warmen Licht, das die Tage im Advent und an Weihnachten mit seinem leisen Glanz erfüllt.

# ADVENTSKALENDER

MEINE SEELE
WARTET AUF DEN
HERRN,
MEHR ALS DIE
WÄCHTER
AUF DEN
MORGEN.

PSALM
130.6

## ES SIND DIE TÜREN

Es sind die Türen, die immerfort im Advent vor unseren Augen stehen. Und dass sich Türen öffnen können, das ist daran wichtig. Dass sie einen Weg frei geben, dass sie in einen anderen Raum führen und dass durch sie jemand ankommen kann, der uns etwas zu sagen und zu zeigen hat. Der Advent ist der Anfang dazu.

*Jörg Zink*

## TÄGLICH GEHT EINE TÜR AUF

Sie erinnert sich gut: Als Kind stand sie jeden Morgen neugierig vor dem Adventskalender. Welcher Tag ist heute? Unter den Geschwistern war genau bestimmt, wer an der Reihe war, das nächste Türchen zu öffnen, und alle schauten jeweils gespannt hin, um zu sehen, was sich dahinter verbarg: Ein Stab, ein Stern, eine Kerze – jeden Tag etwas Neues. Das Besondere daran war, dass die Erwartung belohnt wurde. Eigentlich war es immer eine Überraschung, ein kleines Wunder sozusagen, was zum Vorschein kam.

Seither sind viele Jahre vergangen. Längst hat sie sich daran gewöhnt, sich in der Weihnachtszeit mit anderen Dingen zu beschäftigen. In ihrer Wohnung hängt kein Adventskalender mehr – wozu auch? Das ist etwas für Kinder, sagt sie sich. Bis sie eines Tages von einer guten Bekannten einen solchen geschenkt bekommt. Sie traut ihren Augen nicht: Selbst gefertigt, mit größter Sorgfalt liebevoll gestaltet. Für dich, sagt die Freundin, und vergiss nicht, jeden Tag ein Türchen zu öffnen! Gesagt, getan. Täglich gönnt sie sich eine ruhige Minute, stellt sich vor den Kalender, gespannt und gerührt zugleich, fast wie damals. Es ist jedes Mal wie eine feierliche Zeremonie, dieses kurze Verweilen in der hastigen Vorweihnachtszeit. Sie spürt der inneren Ruhe nach, der Hoffnung, die immer noch da ist, wenn auch etwas nüchterner als in der Kindheit. Und inniger als früher nimmt sie wahr: Jeden Tag geht eine kleine Tür auf – jeden Tag.

*Vreni Merz*

**j**eden tag ein neues fenster
jeden tag ein schritt näher
zum großen geheimnis
das in uns selbst ruht

*Helena Aeschbacher-Sinecká*

## WORAUF WARTEN WIR?

**W**orauf warten wir.
Jahr um Jahr.
Tag für Tag.
Heute. Jetzt.

Oder warten
wir auf nichts.

Kennen wir den
der kommen wird
oder den
der wiederkommt
oder den
der immer da war.

Oder wartet
er auf uns?

*Arnim Juhre*

## WEISSLAND

**H**interhältig und auf offener Straße sprang der Schmerz sie an, krallte sich in ihren Rücken, ihre Beine. Die Marktstände mit den bunten Krippefiguren, Engel und Hirten, die Auslagen mit den

Lebkuchenherzen und den Zuckermandeln, das alles begann vor ihren Augen zu tanzen. Das Lachen der Kinder und die Weihnachtsmelodien vom Drehorgelmann schlichen sich aus ihrem Bewusstsein. Man packte sie in ein Auto und brachte sie nach Weißland.

Da lag sie mit zerzaustem Haar, klopfendem Herzen, ausgeliefert dem Schmerz und der Ungewissheit. Eine Weißgekleidete brachte ihr einen weißen Plastiksack. Mit sanfter Stimme und Augen, die keine Widerrede zuließen, sprach sie: „Ihre Kleider packen Sie in den Sack und dann ziehen Sie sich dieses weiße Hemd über!" Zitternd und mit versagender Stimme bat sie um eine Decke. Sie wurde mit einem weißen Leintuch zugedeckt. So lag sie da, mit angezogenen Beinen, den Kleidersack wie ein Sträfling zu ihren Füßen. Links und rechts von ihrer Untersuchungskabine ging es hoch her. Plötzlich wurde der Kabinenvorhang zurückgezerrt und ein weißes, weibliches Wesen trat ein. Nun war sie, die zitternde Weißhemderin, an der Reihe mit Auskunft geben. Mit Hämmerchen wurden die Reflexe geprüft, man zapfte ihr Blut ab und verkabelte sie mit Elektroden. Zuletzt schob man sie in eine Röhre und wies sie mit sanfter Stimme und durchdringendem Blick an: „Sie dürfen sich auf keinen Fall bewegen, sonst wird die ganze Prozedur wiederholt!" Sie musste sich auf den Rücken legen und die Knie durchstrecken, eine Tortur, die sie vor Schmerz aufschreien ließ, innerlich kränkte und wütend machte. Während der Untersuchung belästigte sie eine wohlklingende Stimme aus dem Lautsprecher: „Hören Sie mich – nicht bewegen – es geht noch fünf Minuten – hören Sie mich?" Sie blieb stumm.

Als man sie endlich in ein Zimmer brachte, heulte sie wohl eine halbe Stunde wie ein Schlosshund. Sich einfinden in das Unabänderliche vermochte sie in ihrem Leben nie auf Anhieb. Sie brauchte Zeit, um sich mit der auferlegten Last auseinanderzusetzen und sich mit den veränderten Umständen anzufreunden. „Mir sind bockige Esel sympathisch", brummte sie vor sich hin und auf dem trotzigen Mund ließ sich zaghaft ein Lächeln nieder.

Die Tür öffnete sich immer wieder und herein kamen weiße Männer, weiße Frauen mit liebevollen Augen, angenehmen Stimmen. Sie huschten in dem weißen Zimmer, mit dem weißen Bett und Tisch, dem weißen Waschbecken, den weißen Fensterrahmen hin und her. Sie brachten weiße Tabletten, legten weiße Kompressen und Wickel auf und immer wieder brachten sie weiße Fragebogen, die mit Kreuzchen versehen werden mussten.

Nach der fünften Befragung riss ihr der Geduldsfaden und sie hätte das weiße Papier am liebsten in kleine Stücke zerrissen und diese mit den Schneeflocken, die vor dem Fenster tanzten, zur Erde fallen lassen. Es waren die sanften Augen einer Weißgekleideten, die sie in die Schranke wiesen.

Dann geschah das Ungeheuerliche: Mit großen Lettern schrieb man auf ihr Bett „Frau Weiß"! Mühsam zog sie sich am weißen Betthaken hoch und wollte protestieren. Ihr Name war doch sperrig, so eckig und bergig, doch die Worte blieben ihr im Mund stecken. Den lieben, sanften Augen der Täterin vermochte sie nicht standzuhalten.

Die leeren Augen von Frau Weiß wanderten zum Fenster. Dort hing der farbige Adventskalender. Aus einem großen schwarzen Blatt hatte der Geber dieses kleinen Kunstwerkes Hirtenfiguren, Schafe, einen Hund ausgeschnitten. Die Bildmitte wurde von den Worten „Hirten nach Bethlehem" dominiert. Der Schweifstern und viele kleine Sterne gaben den Hirten Licht und Orientierung. Alles Herausgeschnittene war mit buntem Seidenpapier hinterlegt. Jeder Buchstabe, jede Figur durfte für sich eine eigene Farbe in Anspruch nehmen.

Es kam die Nacht, der Mond – und das farbige Völklein wurde immer bunter und vitaler. Mit festem Schritt und leicht gekrümmten Rücken schritten sie dem Ziel entgegen. Und plötzlich trat Frau Weiß durch das Kalendertürchen und reihte sich in die Gruppe der Hirten ein. Das braune Hündchen empfing sie freundlich wedelnd. Doch der Hirte, der mit dem Hirtenstab, wandte sich unwillig um und brummte: „So eine Weiße passt nicht zu uns, kehr besser um und geh zu den Engeln auf dem Felde, die noch immer das ‚Ehre-sei-Gott' singen!" Erschrocken wehrte sich Frau Weiß: „Nein, nein, bei Tage besehen ist mein Hemd gar nicht mehr so weiß. Aus Unachtsamkeit tropfte mir Kaffee über die Knopfleiste und mit dem Ärmel geriet ich in die Suppe. Auch wenn ich nicht schwere Schuhe trage, mein Schritt ist jetzt alles andere als leichtfüßig und mein Rücken von der Krankheit krumm wie der eure. Und außerdem: Eine, die beinahe den Fragebogen mit den Kreuzchen zerrissen und zum Fenster rausgeschmissen hätte, passt nicht zu den Engeln!"

Nun mischte sich der Hirte, der das Schäfchen auf dem Arm trug, ein: „Du kannst neben mir her gehen, du mit deinem krausen Haar passt gut zu meinen Schafen!"

Das warme Lächeln des Hirten zog sie sanft nach vorne. Sie konnte mitlaufen, sie gehörte dazu, zu den Hirten, die auf dem Weg nach Bethlehem waren.

*Ursula Eggenberger*

## WEG DES FRIEDENS

**a**us der nacht
über der kälte
der leere
dem krieg

bricht hell
aus den sternen
die stimme des engels
fällt ins warten
und setzt unsere füße auf
den weg des friedens

*Verena Lang*

## IM ADVENT

**w**arten auf das
was kommt

engel kommen
vom himmel
und hirten kommen
aus der kälte

könige kommen
aus der ferne
ein stern kommt
aus der nacht

das kind kommt
aus der liebe
und bringt licht

*Verena Lang*

# ADVENTLICHER DUFT

… UND
SCHENKTEN
IHM GOLD,
WEIHRAUCH
UND
MYRRHE

MATTHÄUS
2,11

… **D**a stand der Christbaum – oh, so groß und so grün! Er duftete und glitzerte. Die Stube schien für seinen Glanz und Duft zu eng. „Heiligste Nacht", stimmte Vater an, aber Mutter sagte: „Zu tief", und sie stimmte noch einmal an. Ich konnte kaum mitsingen. Jede Kugel am Baum, jeder glitzernde Eiszapfen, die Kette aus kleinen Kugeln, das Engelshaar, der Schnee, die bunten Zuckerplätzchen, das rosige Engelchen oben auf der Spitze des Baumes, das immerzu unsichtbar herabflog und immerzu unhörbar in seine kleine Posaune stieß und unser Lied vom Frieden begleitete, wo sollte ich nur hinschauen, wo hinhören!

Von den Bohlen stieg der herbe Geruch des Leinöls auf und mischte sich mit dem zarten Strömen des Harzhauches. Aus einem eingebauten Porzellanschrank, wo die Kuchen übereinanderstanden, drang das nahrbare Zucker- und Butterbrodem des Gestreuselten. Die Äpfel am Christbaum brachten in das Duftgequirle die Luft von unseren Feldern, die Pfefferkuchen und Plätzchen aber, aus denen es nach Schokolade, Ingwer, Zitrone, buntem Zuckerguß und überhaupt nach Ferne, nach Sonne und Meer duftete, trugen mich fort. Ich schwebte wie der Christbaumengel und war zugleich angebunden wie er ... Der Vater hatte das Fenster geöffnet. Ich stand in der kalten Luft, die nach Schnee roch, und sah über der Gartenmauer jenseits der Straße den Himmel funkeln. Die Sterne wiederholten wie die Glocken immer dasselbe: dasselbe Funkeln und dasselbe erzene Lallen und Schallen: eine große Freude – eine große – eine Freude!

*Stefan Andres*

## ETWAS EINMALIGES IM JAHR

**W**underbar und überraschend ist jedesmal wieder der Duft des Weihnachtszimmers, der ja wirklich etwas Einzigartiges ist, ein Gemisch von Honigwachskerzen, von Tannenzweigen, warmem Harz, Pfefferkuchen und Blumen. Und obwohl das Weihnachtszimmer gut gelüftet wird, stellt sich der schöne Duft immer wieder ein. Er ist etwas Einmaliges im Jahr und bleibt immer in Erinnerung.

*Sabine Leibholz-Bonhoeffer*

## DEZEMBERABEND

**R**aureifbäume
versinken
in der Dämmerung.
Eisige Winde
fegen durch Gärten
und rütteln am Gebälk.

Drinnen
Mutters Wärme –
und Geschichten
wie Samenkörner
in unser Herz
gepflanzt.

Im Herd knistern
Buchenscheite.
Äpfel brutzeln
im Ofentor.
Unsterblich
meine Erinnerungen an
den dampfenden Topf
mit der wilden Süße
des Holunders
gegen jedes Weh.

*Lilly Ronchetti*

## WUNSCH IM ADVENT

Schnee liegt in der Luft,
die Nase lässt sich nicht
beirren.
Schon fallen die ersten
Flocken.
Lösen Sehnsucht aus.
Sehnsucht nach Stille.
Nach weihnachtlichen
Düften.
Ein Tannenzweig wird
angezündet.
Feiner Rauch erfüllt den Raum.
Der Vater liebte den Geruch,
den Weihrauch seiner Kindheit.
So nah sein Bild.
So nah die Zeit,
als sei sie eben erst gewesen.
Kein Wort – kein Geräusch
bringt uns Erinnerungen näher.
Düfte sind es.
Düfte öffnen uns plötzlich Momente,
die wir schon vergessen gelaubt.

*Sabine Ulrich*

## RIECHT ES HIER GUT

**E**s war Samstag vor dem dritten Advent. Ich hatte gerade ein Blech Plätzchen fertig, da klingelte es. Es war unsere Tochter. Ganz überraschend kam sie hereingeschneit, war auf Durchreise. „Hm, riecht es hier gut“, sagte sie. Es waren ihre Lieblingsplätzchen: Zitronenherzen. Sie probierte gleich ein paar. Bleiben, nein, das könne sie nicht. Sie müsse bald weiter. Aber ob sie ein paar Plätzchen mitnehmen könne? Es sei der unvergleichliche Duft, der sie an die Adventszeit zu Hause erinnere. Sie brauche nur an den Plätzchen zu schnuppern, und alles sei wieder da vor ihrem geistigen Auge: der Adventskranz und die Sonntagnachmittage, die wir gemeinsam im Kerzenlicht verbrachten mit Geschichten und Liedern und Flötenmusik, die Spaziergänge um den Warteberg, das Suchen nach Krippenmoos, das Basteln von Geschenken, eben ein Stück wunderbare Kindheit. Ich gab ihr alle Plätzchen mit, glücklich über die Reaktion unserer Tochter.

*Eva-Maria Leiber*

# ES GENÜGT SO WENIG

**e**s genügt so wenig
ein duft
unsichtbar
ein hauch

duft der kerzen
duft von nelken und zimt
duft der äpfel
auf dem fenstersims

erinnerungen an die kindheit
wärme
geborgenheit
trost

*Helena Aeschbacher-Sinecká*

## TANNENZWEIGE

**M**ich kann kein Duft so betören wie jener von Tannenzweigen. Es lohnt sich, es auszuprobieren: Halten Sie den Ast einer Rot- oder Weißtanne in den Händen. Sie können ihn drehen und wenden. Sie werden seine Nadeln spüren auf der Haut und vielleicht klebt nachher ein bisschen Harz an Ihren Fingern, den Sie nicht mehr so leicht losbringen. Halten Sie die Nase hinein, atmen Sie tief ein und nehmen Sie wahr, was Ihnen entgegenkommt! Es ist, als hätten die Tannen im Advent intensivere Düfte als zur Sommerzeit, als wüssten sie, dass die Menschen jetzt etwas besonders Würziges zum Atmen brauchen. Es muss kein gewaltiger Ast sein, schon gar kein ganzer Baum. Ein kleiner Zweig vom Waldrand genügt, um uns zu faszinieren. Je länger wir bei diesem starken Duft verweilen, umso mehr nehmen wir ihn auf. Es ist fast so, als würde er uns nähren. Sein Wohlgeruch tut gut und lässt uns nicht verloren zurück im Smog der Welt.

*Vreni Merz*

# MUSIK

MEINE SEELE
ERHEBT DEN
HERRN
UND MEIN
GEIST
FREUT SICH
GOTTES

LUKAS
1, 46F

## EINLADUNG

Hell und doch geheimnisvoll,
der Raum erfüllt
vom flackernden Kerzenlicht.
Eintauchen in diesen Zauber,
still werden und lauschen.
Sich umschauen und träumen,
getragen von den Flügeln
der Musik.

*Sylvia Ohland*

## EIN SELTSAMES HOBBY

Vor einiger Zeit traf ich einen Menschen mit einem seltsamen Hobby: Er sammelt Klänge. Er geht mit seinem Mikrophon durch sein Schweizer Heimatdorf und nimmt Geräusche auf: Wie der Dorfbach rauscht oder die Kirchturmuhr schlägt oder wie es klingt, wenn die Kühe zur Weide getrieben werden. Auf meine Frage, warum er das tue, sagte er: „Ich sammle Klänge, damit sie nicht in Vergessenheit geraten. Klänge können aussterben wie seltene Vogelarten. Wer weiß heute noch, wie das Hämmern einer Schmiede klingt oder das Klappern einer Mühle? Wie es klingt, wenn eine Kutsche durch's Dorf rattert oder wenn Holzfässer über das Pflaster rollen?"

Sicher, denke ich, bei uns machen sich Leute Gedanken darüber, wie man Städte richtig plant und Straßen so baut, dass möglichst viele Autos darauf fahren können. Wer aber macht sich Gedanken darüber, dass unsere moderne Welt auch gut klingt? Wer kümmert sich um den guten Ton in unserer Umwelt? Wo es laut ist und lärmig, ist es auch um das Hören schlecht bestellt. Denn um hören zu können, brauche ich Ruhe. Ich kann nichts hören, wenn ich ständig berieselt werde von Lärm und Geräuschen. Dass sich Menschen nicht verstehen, hängt vermutlich damit zusammen, dass sie einfach nicht hören können, was der andere sagen will. Sie verstehen nichts, weil es zu viele Störgeräusche um sie herum gibt.

Darum gefällt mir die Idee meines Schweizer Bekannten: Die Klänge zu schützen, die uns gut tun. Der akustischen Umweltverschmutzung um uns herum Oasen der Ruhe entgegenzusetzen. Wo die Stille einen Platz hat und wir wieder hören können, wie ein Baum klingt oder der Regen, die Amsel oder der Wind in den Zweigen. Oder ein Mensch, der uns etwas sagen will.

*Klaus Nagorni*

## AUF DEINEM GRUND

**i**n der hektik
des alltags

hörst du
die musik der steine
auf deinem grund

*Helena Aeschbacher-Sinecká*

## DÄMMERLICHT

… **s**päter wird der Abendraum öde und weit
Bäume stehen allein im Dämmerlicht
still
klar wie Sehnsüchte
eine Weile noch
umströmt sie das Licht
wie Wehmut und Zärtlichkeit …
lange stehen sie da
und leuchten wie
Stimmgabeln,
die kein Ton ganz verlassen will.
Baum um Baum klingt langsam aus im Raum.

*Stein Mehren*

## WINDHERZ IM STALL

**W**indherz im Stall
singt leis
dem Kind ein Lied
von überall
was in der Welt es sieht –
vom sanften Wehn
in stiller Dämmernacht –
von Sturmgebraus
an weiter Küste –
von Menschenleid und -freud –
vom Leben in der Wüste
der Einsamkeit –
Ob frei ein Menschenherz besteht –
ob es in Weltenängsten untergeht –
Windherz im Stall
singt leis
dem Kind ein Lied
von überall
was in der Welt es sieht

*Ju Sobing*

**R**auhnächte,
rauher von Jahr zu Jahr.
Finsternis, Unheil, Eiswind,
wölfisch.

Irgendwo muß doch der Engel stehn,
den verschlossenen Mund voll Schneelicht!
Die Hirten müssen uns suchen helfen
und ihm das nackte Kindlein zeigen,

daß ihm die Botschaft wieder einfällt,
daß die Festung Herodis einstürzt,
wenn an den Mauern die Schafe
*singen.*

*Christine Busta*

**A**nnette saß am Bett des Kindes wie all die Tage. Am Anfang hatte sie noch die Stunden gezählt, dann die Tage und schließlich die Wochen. Eines Tages hatte sie damit aufgehört, als sie hätte mit den Monaten beginnen müssen. Sie wollte nicht mehr, dachte mit Schaudern daran, dass irgendwann auch die Monate nicht mehr reichen würden. Sie redete auf Tanja ein, versuchte, ihr etwas zu erzählen und hatte doch das Gefühl, längst alles gesagt zu haben, was Tanja interessieren konnte. Hilflos streichelte sie die blassen Hände. Keine Reaktion. Sie küsste und liebkoste sie. Aber die Augen des Kindes starrten ins Leere. „Nicht aufhören!“, ermunterten Ärzte und Schwestern sie, wenn Mut und Hoffnung sie verlassen wollten, „Wachkoma ist unberechenbar. Es gibt Fälle, wo nach Jahren das Leben zurückkehrt ...“

Das Leben! Manchmal träumte sie von Tanja, wie sie fröhlich mit dem Hund im Garten tollte. Viel häufiger aber von dem schrecklichen Augenblick, als sie das Quietschen der Autobremsen hörte und den Ball über die Straße rollen sah, danach das blutige Bündel zwischen den Rädern hervorzog und den jaulenden Hund. Aber auch als sie diesen den hygienischen Bedenken der Ärzte zum Trotz mit ins Krankenhaus brachte, vermochte sein Bellen und Winseln das Kind nicht zurückzurufen. Irgendwann öffneten sich dann tatsächlich Tanjas Lider für einen Augenblick. Nicht nur einmal, immer wieder. Auch jetzt. Aber es gab kein Zeichen von Erkennen.

„Nur Reflexe“, erklärte sachlich der Arzt. Wieder und wieder versuchte Annette mit Streicheln, Flüstern und Singen sie zu erreichen. Zwischendurch schrie sie sie auch einmal an, rüttelte und schüttelte sie. „Du musst doch wach werden!“, brüllte sie. Aber alle Versuche, sie zu wecken, schlugen fehl.

Die Jahreszeiten wechselten. Annette merkte es kaum. Als die Tage immer kürzer wurden, spürte sie, wie die Hoffnungslosigkeit wie eine Schlange ihr Herz umklammerte. Sie fand keine Tränen mehr und schließlich kaum noch Worte. So saß sie schweigend jeden Tag stundenlang neben ihr und lauschte auf die ruhigen Atemzüge des Kindes, das immer deutlicher aufhörte, ihr Kind zu sein. Tiefer sank draußen die Dämmerung nieder. Sie war zu müde, einen Schalter zu drücken, damit es heller wurde. Sie wusste: Tanja würde nichts davon bemerken. Sie würde weiter vor sich hin dämmern wie all die Monate schon. Eine Schwester kam mit einer brennenden Kerze und stellte sie auf den Tisch. Mehr für mich als für Tanja, dachte Annette bitter. Aber auch in ihr eigenes gleichfalls fast erstarrtes Herz drang der warme Schein nicht vor. Die Schwester setzte an zu einem tröstenden oder ermunternden Wort. In diesem Augenblick erklangen draußen auf dem Flur Stimmen. Die Schwester öffnete die Tür. Eine Kindergruppe, die jedes Jahr zur Adventszeit im Krankenhaus auftauchte, versuchte auch jetzt, mit Tannenzweigen, brennenden Kerzen, Flöten, Gitarren und Singen ein wenig Adventsfreude zu den Kranken zu bringen. „Wir sagen euch an den ersten Advent", hörte Annette und hielt sich die Ohren zu. Nein, nicht dies!, schrie alles in ihr. Im letzten Jahr hatte Tanja noch selbst mit einer Gruppe im Krankenhaus gesungen, hatte zuhause stundenlang auf ihrer Gitarre geübt. Auf dieser Gitarre, die sie wohl nie wieder spielen würde, dachte sie.

Tanja öffnete die Augen. Wieder einmal. „Sehet, die erste Kerze brennt", drang es von draußen herein. In diesem Augenblick drehte Tanja sich um. Zum ersten Mal seit dem Unfall. Annette hielt den Atem an. „Wir sagen euch an…", fuhren die Kinder fort. Und Tanja fiel ein, erst leise, fast nur zu ahnen, dann stockend und schließlich immer kräftiger und deutlicher: „…eine heilige Zeit. Machet dem Herrn den Weg bereit! Freut euch, ihr Christen, freuet euch sehr…", als sei sie aus einem langen, tiefen Schlaf erwacht. Und das war sie wohl auch. Mühsam richtete sich Tanja auf, von der Mutter unterstützt. „Tanja!", stammelte Annette. „Das Adventslied", flüsterte die Schwester. Dann wandte sie sich rasch zur Tür. „Singt es noch einmal!", bat sie die Kinder. Und Tanja sang mit, zurückgekehrt durch ein kleines Lied, das ihre verschüttete Seele erreichte. Es war der Anfang eines weiten Weges, an dessen Ende ein zwar in manchen Stücken noch immer beschränktes, aber eben doch ein neu geschenktes Leben stand.

*Wilma Klevinghaus*

## WEIHNACHTSORATORIUM

**H**ans Kurze war Geiger in Leipzig, als Johann Sebastian Bach dort Kantor war, und Hans Kurze war ein verbitterter Mensch. Gern hätte er es in der Musik zu etwas gebracht, aber es fehlte ihm dazu das große Talent. Und als er das merkte, musste er trotzdem beim Geigespielen bleiben, denn für etwas anderes war er zu alt. So kam er sich insgeheim nichtsnutzig vor, und das machte ihn nicht gerade freundlich zu den Leuten. Weil er aber so unfreundlich war, hatte er wenig Arbeit, und was er damit verdiente, reichte mehr schlecht als recht, um die Familie durchzubringen. Hans Kurzes großer Zorn und ganzer Neid galt Johann Sebastian Bach, dem Kantor der Thomaskirche. Das war ein Genie, das merkte Kurze wohl; ein Genie, wie er selber gerne eins gewesen wäre. Weil aber Bach das

Genie war und nicht er, war Kurze sehr übel zu sprechen auf Bach. Und darum sagte er ihm auch ab, als Bach ihn vor der Weihnacht des Jahres 1734 bat, bei seiner neuen Weihnachtsmusik doch die Geige zu spielen. Nein, hieß des Geigers Antwort, obwohl er den Lohn gut hätte brauchen können.

Wie dann aber am ersten Weihnachtstag die neue Kantate aufgeführt werden sollte im Gottesdienst, da konnte es Kurze nicht über sich bringen, daheim zu bleiben. Heimlich schlich er in die Kirche, setzte sich zuhinterst in eine Ecke und wartete, was da komme. Doch statt der Musik kam Johann Sebastian Bach, der berühmte Kantor, höchstpersönlich durch die Kirche gegangen, direkt auf Hans Kurze in seinem düsteren Winkel zu. „Ich bitt' euch flehentlich, kommt herauf und spielt die Geige. Der eine Geiger liegt im Bett, und ohne können wir's nicht machen", sagte der große Bach zu dem kleinen Kurze. Und Kurze, als er sich zierte, wurde von den Leuten gedrängt, die um ihn herum saßen, und gab schließlich widerstrebend nach.

Als er dann aber vom Blatt mitspielte und hörte, was da entstanden war, und die Worte der Weihnachtsgeschichte, lebendig gemacht von der Musik, ihm ins Herz rannen, da merkte er, wie der Heiland der Welt in seinem eigenen, finsteren Herzen gerade noch einmal geboren wurde, und wie ein Licht von ihm ausging, das den ganzen Menschen durchstrahlte und durch die Augen brach und auf andere überspringen wollte. „Im Dienst dieses Neugeborenen stehn wir beide, Bach und ich“, ging es Kurze im Spielen durch den Kopf. „Im Dienst des großen Gottes, der zu uns kleinen Menschen kommt. Er, der Tonsetzer, und ich, der Geiger. Beide gewürdigt, das Lob Gottes zu singen, der bei uns ist.“

Es wurde die schönste Weihnacht seit langem bei Kurzes zu Hause, und aus Bachs Neider Hans Kurze wurde einer von Bachs treuesten Fürsprechern und ein guter Geiger seiner Werke dazu.

*Ulrich Knellwolf*

**M**anchmal denke ich, wir müssten den vielen niedergedrückten Menschen unserer Zeit mit ihren verhärmten Gesichtern nur verordnen, sich öfter der Sonne und Freude des Weihnachtsoratoriums auszusetzen... Sie ist wahrlich ein „Götterfunken“, Glanz aus einer andern Welt des Lichts... Wir begeben uns in eine Tiefenschicht, die uns – etwa durch das rätselhafte Phänomen des Lichtes – mit dem ganzen Kosmos verbindet... Es ist die Rede von den großen Pforten des Lebens: von Geburt und Tod. Die Gegensätze des Seins klingen an: Vertrauen und Angst, Licht und Finsternis, hoffnungsvolles Anfangen und trauriges Resignieren, Ausgestoßen- und Geborgensein…

Die wiedererwachende, lebensspendende Kraft der Sonne wie auch die Trompetenklänge in Bachs Weihnachtsoratorium – sie beide sind Ausdruck und Symbol, ein solch abgebrochener Teil einer uns ganz nicht zugänglichen Wirklichkeit dessen, was wir an Weihnachten feiern: dass Licht in die Dunkelheit kommt, dass oben und unten, Himmel und Erde sich vermählen.

*Günter Jena*

## MUSIK

**W**ie oft hast du mich aufgerichtet,
Wenn grau und freudlos
Meiner Tage Lauf –
Nie habe ich auf deinen Trost verzichtet.
Und wenn sich einst
Das letzte Dunkel lichtet,
Dann geh ich ganz in deiner
Schönheit auf!

*Hermann Schmider*

## WEIHNACHTSORATORIUM

**T**rompeten und pauken
königsinstrumente
man benutzt sie in palästen

Flöten und hörner
hirteninstrumente
man spielt sie im dorf

Aber jsb hat sich das anders gedacht
bei hofe erklingen die sanften
tonfarben der hirten

Im stall
frohlocken die königsklänge
im ausländerwohnheim
schlagen die pauken
ein anderes glück

*Dorothee Sölle*

**A**b und zu habe ich schon Sehnsucht nach den Kindern, die viele Zugstunden von uns entfernt in verschiedenen Städten leben. So sehen wir uns nur wenige Male im Jahr. Mit der wachsenden Dunkelheit des Jahres wächst in mir die Sehnsucht, sie zu sehen. Im Juli haben wir zuletzt ein paar Tage miteinander verbracht. Und zu Weihnachten kommen sie wieder, wie all die Jahre. Aber jetzt im Advent wird mir die Zeit so lang. Dann lege ich abends manchmal eine CD auf: Bachs Weihnachtsoratorium. Besonders gern höre ich das ‚Bereite dich, Zion'. Und ich weiß, es ist die älteste Tochter, die das singt. Mit ihrer samtenen Stimme erfüllt sie den Raum, und Frieden und Trost ziehen ein in mein wartendes Herz.

*Eva-Maria Leiber*

## DAS HÖRT ER DIREKT

Neulich war ich bei einem großen, festlichen Gottesdienst dabei. Dort wurde ein Instrument gespielt, das man selten in der Kirche hört. Ein Saxophon. Dazu der lange Hall des Kirchenschiffs. Das ging durch und durch. Danach gab's noch einen kleinen Empfang, auch die Organistin und der Mann mit dem Saxophon standen plaudernd bei einem Glas Wein zusammen. Ich stellte mich dazu. Da kam eine Frau auf uns zu und sagte zu dem Saxophonspieler: „Wissen Sie, dieses Saxophon, das war schon ein besonderes Erlebnis. Das hat Gott gern gehört." „Danke", sagte der Musiker, „aber ich glaube, dass

Gott jede Musik hört. Wenn schon.“ Die Frau dachte kurz nach, dann sagte sie lächelnd: „Ja, sicher, aber: ein Saxophon, das hört er direkt…“

*Jörg Metzinger*

## MEIN KLAVIER

Mein Klavier hat achtundachtzig Tasten
mein Klavier hat einen schönen Klang
mein Klavier spielt stundenlang
ohne zu rasten

Brauche nur die Finger draufzulegen
und sie leicht im Rhythmus zu bewegen
schon erklingt die herrlichste Musik

Wenn ich groß bin, bau ich ein ganz großes
Instrument mit Millionen Tasten
eine schon genügt für jedes Kind

Wenn die Welt erst einmal rund ist
angstfrei, hungerfrei und bunt ist
möchte ich, dass sie gemeinsam spielen
dass sie lauschen, staunen, lachen

Bis sie glücklich sind

*Bernd Kebelmann*

## DIE WELT IST EINE HELLE MELODIE

Die Welt ist eine helle Melodie
ein dunkles Lied, ein banges, stummes Lauschen
ihr Schrei bricht Kopf und Herz und Poesie
Du heilst mich, wenn du lachst,
die Bäume rauschen
und aus den Schatten löst sich Phantasie

Ich spann mich vor den müdgewehten Wind
und singe fröhlich, sanft aus Vogelkehlen
und klagend schrill wie ein verirrtes Kind
gib deine Hand, wer kann uns Furcht befehlen
wenn wir befreundet und beflügelt sind

Gib mehr von Glück und Traum,
gib mehr und mehr
von deiner Sehnsucht, bis die Berge wanken
und stürzen allen Zweifeln hinterher
Du bist wie Licht, und schimmernde Gedanken
erhellen Tag und Nacht und Land und Meer

Die Welt ist eine helle Melodie
wenn jeder sie wie du mit Freude füllt
ein dunkles Lied wird sein in jedem Sterben
bis zu dem Morgen, der die Zeit erfüllt
mit Menschen so wie du, voll Poesie

*Bernd Kebelmann*

## VIELLEICHT

Vielleicht ist die Ewigkeit dies:
Der kraftvolle Akkord einer Orgel.
Eine Beethoven-Symphonie.
Nie endender Geigenklang.

Oder ist es
die wehmütige Erinnerung an eine Panflöte.

Vielleicht ist sie aber auch ein Wiegenlied,
das die Mutter ihrem Kind singt.

Oder der Chor der Mönche,
der in alten Klostermauern hallt.

Es könnten auch die ersten Worte
eines Kindes sein,
oder die letzen eines Sterbenden?

Vielleicht ist unser Leben
schon der Beginn der Ewigkeit...?
Eine Melodie, in Ansätzen.

*Maria Stiefl-Cermak*

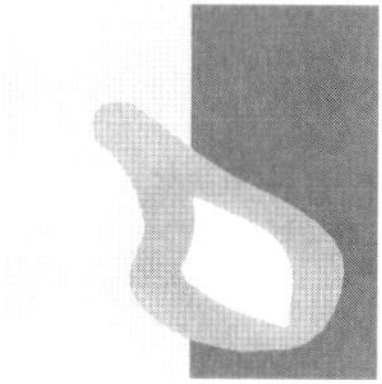

# TRÄNEN

UND GOTT
WIRD
ABWISCHEN
ALLE TRÄNEN
VON
IHREN AUGEN

OFFENBARUNG
21,4

## TRÄNEN

**D**ie zur Nacht
geweinten Tränen
Die heimlichen Tränen
Die bitteren und salzigen Tränen
Die das Licht des Tages scheuenden Tränen
Die unterdrückten und verborgenen Tränen
Die stillen und die hemmungslosen Tränen
Die einfach hervorbrechenden Tränen
Die Weiß-nicht-warum-Tränen
Der endlose Tränenstrom

Die Tränen des Abschieds und der Verlassenheit
Die Tränen der Enttäuschung und der Einsamkeit
Die Tränen des Schmerzes und des Verlustes
Die Tränen der Niederlage und der Scham
Die Tränen der Wut und der Verzweiflung
Die Tränen der Ohnmacht und der Hilflosigkeit
Die Tränen des Körpers und der Seele
Der endlose Tränenstrom

Alle diese Tränen:
„Er wird sie abwischen
von ihren Augen,
und der Tod wird nicht mehr sein,
noch Leid noch Geschrei noch Schmerz

wird mehr sein“ –
und Gott
wird bei ihnen
wohnen und sein
alles in allem.

*Klaus Nagorni*

**E**s war Juni. Die Rosen blühten. Alles war so schön. Dahinein zerstörte die Todesnachricht das pralle Leben. Die Tochter hätte sich vor den Zug geworfen, 21 Jahre jung.

Eines Nachmittags stand die Mutter in meiner Tür, tränenverschleiert. Ich ließ sie rein, ließ sie sich setzen, hörte zu, schweigend, und dann weinte ich mit ihr, hemmungslos und nahm sie in den Arm. Wie lange wir so zusammen weinten und uns aneinander schmiegten, weiß ich nicht mehr. Als sie ging, war es dunkel.

Sie ist meine Freundin. Das ist jetzt fünfeinhalb Jahre her.

Es war Juni. Die Rosen blühten und wir weinten und weinten und fanden Trost in dem Meer von Tränen.

*Eva-Maria Leiber*

## LEHR UNS WEINEN

… lehr uns weinen mutter unser
das lächeln wird uns täglich aufgeklebt
das zuschauen wenn die geschwister sterben
wird eingeübt
wir sehen es in der tagesschau
die ursachen sind uns bekannt
wir funktionieren wie kleine kz-wächter
wir haben die pläne nicht gemacht
aber die vorteile stecken wir ein
und fahren schneller und verbrauchen mehr
und überheizen die wohnung
überleuchten die straße
überdüngen den boden überzüchten die früchte
das lächeln wird täglich neu aufgeklebt…

Wann werden wir eins mit deiner
vergewaltigten schöpfung
wann hören wir auf herren und besitzer zu spielen
und werden kinder und geschwister
wann liegen wir zu tausenden auf der straße
und hindern die baummörder
und wann werden wir das weinen lernen…

Wie lange ertragen wirs noch
wann fangen sie denn an unsere brotaufstände

im reichen land
unsere luftaufstände wenn uns die augen tränen
dieser lange weg vom achselzucken zu den tränen
geh ihn mit uns gott
aus den tränen der schrei
aus dem schrei das nein
aus dem nein der aufstand…

Wo liegt unsere hoffnung begraben
wir schaufeln sie hervor unter dem konsumberg
unter der warenfülle unserer einkaufsstraßen liegt sie
verscharrt unkenntlich geworden zerfasert entstellt
da werden noch tränen fließen
ehe sie sichtbar wird unsere hoffnung …

Wann kommst du wieder jesus in vielen brüdern
und schwestern
wann stehen sie auf unsern straßen
plätzen und rufen
steh auf nimm dein bett altes müdes europa
steh auf und geh
sag nein
mach nicht mehr mit
es sind nicht nur die fische die um ihr leben japsen
es sind doch alle deine kinder
wie kommen wir den langen weg vom achselzucken
zu den tränen

von den tränen zum schrei
vom schrei zum nein der hoffnung…

*Dorothee Sölle*

## EIN SPRICHWORT AUS SÜDAFRIKA

**E**in sprichwort aus südafrika sagt
man kann weinenden nicht die tränen abwischen
ohne sich die hände naß zu machen

Ich hör oft sagen
wie kann man das weinen verhindern
und seine ursachen beseitigen

Ich seh oft fühlen
weg damit der schmerz muß weg
schluß jetzt ich muß heraus

Die menschen mit den nassen händen
sind bescheidener als wir
es ist nur eine geste
aus zärtlichkeit und trauer
die geschwister sind
kinder einer mutter
der erde

*Dorothee Sölle*

## DER EISKLUMPEN

Es war dunkel geworden im Zimmer. Das war Peer nur recht so. Dunkel würde es für ihn nun immer sein. Gestern hatte ihn seine Frau verlassen. Beate, die Glückliche. Wie oft hatten sie über die positive Bedeutung ihres Namens gescherzt. Doch nun hatte sie behauptet, mit ihm zusammen nicht mehr glücklich zu sein. Unglücklich hatte Peer sie angeblich gemacht. Ein anderer war an seine Stelle getreten, um ihrem Namen wieder Leben einzuhauchen. Beate, die Glückliche. Wie hieß der andere? Gleichgültig. Wichtig war nur, dass er, Peer, nun einsam und verlassen im Wohnzimmer saß. Und musste am Heiligen Abend die Gemeinde doch von der frohen Botschaft überzeugen. „Welt ging verloren…“ Ja, Peer, von Beruf Pfarrer, war verloren, durch Beates Verrat. Da nützte auch keine frohe Botschaft etwas. Und alles, was er an Weihnachten sagen würde, war hohles, angelerntes Geschwätz.

Er ballte die Faust, beschimpfte Beate und den anderen, fühlte, wie sein Inneres sich verhärtete, langsam zu einem Eisklumpen wurde. Ein harter, kalter Klumpen Eis, der nun hier im Sessel saß und nach der Flasche auf dem Tisch griff. Ein Glas brauchte er nicht. Die Flasche an den Mund setzen und...

Die Tür ging auf. Peers Kinder kamen herein. Zwillinge. Siebzehn Jahre alt, Hanna und Hubert. Sie brachten den Adventskranz zurück ins Wohnzimmer, den der Vater gestern, zornig und traurig gleichzeitig, auf den Komposthaufen geworfen hatte. Hanna zündete die erste Kerze an, Hubert die zweite. Dann gingen sie beide zum Vater, umarmten ihn, hielten ihn fest, hielten sich an ihm fest. Langsam, ganz langsam fand die Wärme der Kinder den Weg in Peers Körper, erreichte den Eisklumpen in seinem Inneren, stahl ihm die Kälte und die Härte. Der Eisklumpen wehrte sich anfangs, begann dann doch zu schmelzen und zu tropfen. Hunderte, tausende von Tropfen, die als Tränen aus Peers Augen flossen. Hunderte, tausende von Tränen.

Irgendwann gab es keine Tränen mehr. Peer wischte die Augen mit einem Tuch trocken. Sein Schmerz über Beates Verrat war nicht kleiner geworden. Und trotzdem fühlte er sich getröstet. „Welt ging verloren, Christ ward geboren..." Die Weihnachtsbotschaft war so weit entfernt und doch so nah. ... Freue dich, oh Christenheit.

Nein, für Freude war es noch zu früh. Aber die

Hoffnung auf Freude hatten die Tränen ihm geschenkt, als sie seinen Körper von dem Eisklumpen befreiten. Hanna und Hubert schlichen aus dem Zimmer. Peer war erschöpft wie nach einer schweren Krankheit. Er stand auf und ging zum Fenster. Die Regentropfen an der Fensterscheibe ähnelten seinen Tränen. Langsam flossen sie nach unten und versickerten. „Christ ist erschienen…"

*Ulrike Piechota*

## DURCHBRUCH

**E**ndlich löst sich
aus winterstarrer Seele
versteinerte Trauer,
und strömend rinnt dir
das Leben
übers Gesicht.

*Antje Sabine Naegeli*

## ICH DANKE EUCH

Nach einem mehrtägigen Meditationskurs brechen die Teilnehmenden das Schweigen. Die Zeit zuvor war eine besondere gewesen – in mehrfacher Hinsicht. Da war zunächst die ungewohnte Stille, die sich überall ausbreitete und die Stunden und Tage intensiv erleben ließ. Dann war es die Erfahrung, völlig in sich gekehrt zu leben und dabei sich selbst und die Umwelt eindrücklich zu erfahren. Jetzt ist die Übung zu Ende, und es gilt, sich wieder auf das pulsierende Alltagsleben umzustellen. Die Teilnehmerinnen und Teilnehmer setzen sich in einen Kreis, um die Erfahrungen der vergangenen Tage miteinander auszutauschen.

Ein junger Mann ergreift das Wort. „Ich danke euch allen", sagt er jetzt und streicht sich die Haare aus der Stirn. „Ich bin das erste Mal bei einem solchen Kurs", fährt er fort, „und nie hätte ich gedacht, dass Schweigen so viel bewirken kann. Vor allem danke ich meinem Nachbarn links und meiner Nachbarin rechts, die neben mir auf dem Kissen saßen und sich mein Schniefen und Schneuzen anhören mussten, als ich weinte. Ja, es geschah mehrmals in dieses Tagen", fährt der junge Mann fort, „ihr habt es doch mitbekommen, oder?" Alle schauen ihn verständnisvoll an. „Es hat so gut getan, sage ich euch, dass ich den Tränen freien Lauf lassen konnte mitten unter euch, die mich mit ihrem Schweigen gehalten haben…“ – Der junge Mann lächelt. Er blickt in die Runde wie ein glanzvoller Sieger, der erlöst und glücklich vor der Welt und den Menschen steht. Seine Augen leuchten wie frisch gewaschen und die Männer und Frauen im Kreis sind alle beeindruckt. Ein älterer Mann mag gedacht haben, er hätte sich so etwas nie zu sagen getraut, schon gar nicht in jungen Jahren. Doch dieser junge Teilnehmer strahlt und dankt. So schnell werde ich ihn nicht vergessen.

*Vreni Merz*

## DAS SALZ DES LEBENS

**d**ie tränen reinigen
unsere seele

sie sind das salz des lebens
an dem wir wachsen

läutern bis jede träne
hoffnung wird

*Helena Aeschbacher-Sinecká*

## AUS EINEM GEMEINDEBRIEF

**D**ie mühsamen Zusammenkünfte
in den Familien machen

Weihnachten
zu einem
ganz besonderen Fest

*Christel Anders*

## TRÄNEN LACHEN

„**I**ch schreibe an einem Drama", sagt ein Theologiestudent im ersten Semester – so eine Art Welttheater wie Hofmannsthals „Jedermann". Toll, sage ich, nicht ohne Skepsis. Wie sieht das Drama denn aus? „Den Schluss kenne ich schon, die fünf Akte davor muss ich noch ausarbeiten." Gespannt, auch irritiert, frage ich nach. „Aus allen Nationen und Kulturen kommen einzelne Sprecher und Vertreterinnen zum Throne Gottes. Sie klagen ihr Leid. Sie danken für Erfolge und Chancen, aber viele Fragen sind offen. Warum die Schuld, das Leid? Gott sitzt auf seinem Thron. Er hört genau zu und lässt sich alles berichten – und dann bricht er in Tränen aus." Der junge Student, inzwischen ein angesehener Theologe, hatte Glanz in den Augen. Sein Projekt war voller Leidenschaft: der weinende Gott – eine mir damals fast noch unbekannte Vorstellung. Wie viel ist in der Tat zum Heulen, wie viel geht schief und bleibt ungelöst? Wie viele Verknäuelungen und Verwirrungen in den Geschichten der Einzelnen, der Kulturen und Völker? Noch bis zum Konzil gab es ein offizielles Gebet um die Gabe der Tränen, Symbole der Erschütterung in Freude und Not, in Mitgefühl, als Reue und Jubel. Tränen lachen, erlösend im Ausströmen und Mitteilen.

Dass alles auf die Bühne kommt und ausgespielt wird, ist Sehnsucht aller Menschen – für unseren Kulturkreis am sichtbarsten geworden in den Tragödien – von Aischylos bis zu Calderon, Shakespeare, Hofmannsthal, Ernst Barlach, Beckett oder Botho Strauß. Vergessen wir die göttlichen Komödien nicht. Auch die Lebens- und Leidensgeschichte Jesu ist lesbar als solch eine Inszenierung auf das erlösende Finale hin, und von dort her. Alles muss auf die Bühne, alles muss durchgespielt werden. Jeder und jede haben ihre Rolle, aber das Script im Ganzen, Vorspiel und Nachspiel, das Drehbuch – das ist die Frage.

Die biblische Rede von Gottes Gericht gehört in

diesen Zusammenhang: die christliche Hoffnung auf das Kommen dessen, „der richten wird die Lebenden und die Toten". Aber wie viele denken an einen Gott als Scharfrichter am Schluss, als Oberzensor und Gerichtsvollstrecker, unentrinnbar und unerbittlich. Der junge Theologiestudent hat mir unvergesslich ein Gegenbild vermittelt: der weinende Gott, der betroffene Richter…

Der junge Theologiestudent von damals hat sein Weltdrama bis heute noch nicht fertig. Er lebt es und spielt seine Rolle darin, wie jeder und jede andere. Entscheidend ist der Vorausblick bis zum Finale. Das Glaubensbild von jenem Gott, der bis zu Tränen gerührt das Gelingen seiner Schöpfung feiert und alle Mitspielenden schließlich lachend begrüßt, verdanke ich diesem Studienanfänger.

*Gotthard Fuchs*

## DIE GABE DER TRÄNEN

Ich möchte … von einer Frau erzählen, die von vielen wie eine Heilige unserer Tage angesehen wird, von Dorothy Day, der großen alten Frau eines kompromisslosen Katholizismus, Pazifistin und Anarchistin, Gründerin des Catholic Worker, einer Hilfsorganisation für hungernde Arbeitslose in der Zeit der großen Depression in den Vereinigten Staaten…

Was mich am tiefsten an ihr bewegt hat, habe ich erst nach ihrem Tod erfahren … Wie jeder Mensch, der nach Gerechtigkeit und Frieden Hunger und Durst hat, so geriet auch Dorothy Day in Phasen der absoluten Erschöpfung, der Trauer und des Schmerzes. Das Wort „Verzweiflung" scheint mir nicht angemessen, aber sehr weit davon entfernt kann es nicht gewesen sein, was sie durchmachte. In diesen Zeiten, so wurde mir berichtet, habe sie sich zurückgezogen und geweint. Stundenlang, tagelang geweint. Ohne Gespräch, ohne Nahrung einfach dagesessen und geweint. Sie hat sich nicht aus ihrem kämpferischen und aktiven Leben für die Ärmsten zurückgezogen, und sie hat nie aufgehört, den Krieg und die Kriegsvorbereitung als ein Verbrechen an den Ärmsten anzusehen. Aber zu Zeiten hat sie bitterlich und lange Zeit geweint.

Als ich das erfuhr, verstand ich etwas besser, was Pazifismus ist; was Gott in der Mitte der Niederlage bedeutet; wie der Geist uns tröstet und uns zur Wahrheit führt, wobei eines nicht auf Kosten des andern geht und Trost nicht mit dem Verzicht auf Wahrheit gekauft werden kann. Dass Dorothy Day tagelang weinte, bedeutet für mich, dass der Trost des Geistes zugleich unsere Untröstlichkeit enthält, und in diesem Sinn können wir von ihr lernen, um die Gabe der Tränen zu bitten.

*Dorothee Sölle*

**G**ib mir die gabe der tränen gott
gib mir die gabe der sprache
gib mir das wasser des lebens

*Dorothee Sölle*

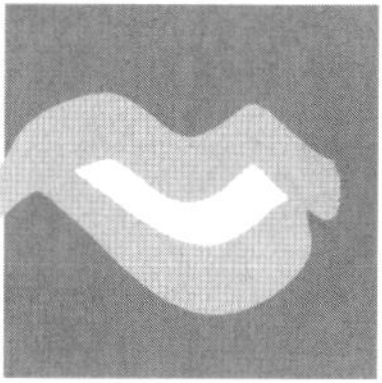

## GUTE WORTE

IM ANFANG
WAR DAS WORT,
UND DAS
WORT WAR
BEI GOTT,
UND GOTT WAR
DAS WORT.
UND DAS WORT
WARD FLEISCH
UND WOHNTE
UNTER UNS.

JOHANNES
1, 1.14

## DAS WORT

„**A**m Anfang
war das Wort
und das Wort
war bei Gott“

Und Gott gab uns
das Wort
und wir wohnen
im Wort

Und das Wort ist
unser Traum
und der Traum ist
unser Leben

*Rose Ausländer*

**i**n bedürftiger zeit
ahnen dass etwas zu ende geht

endgültiges
geht über sich hinaus

veränderungen ängstigen
prophezeiungen verwirren

der boden unter den füßen
hört auf zu tragen

mitten hinein
sprichst du gott
dein heilendes, tröstendes wort

du nimmst unsere fragen ernst
und gibst unserer verwirrung raum

du hörst unsere klagen an
und weichst unserer not nicht aus

du birgst unsere zweifel
in deinem stärkenden zutrauen

du hilfst uns stehen
zu uns selbst und zu dir

du schenkst uns ansehen
und ermutigst zur begegnung

du sagst dein ich-bin-da
in unsere hungrigen herzen hinein

ganz innen
von dir geliebt
wachsen uns kraft und freiheit zu

*Almut Haneberg*

## DAS WORT

**K**eines seiner Worte
glaubte ich, hätte er nicht
geschrien: Gott, warum
hast du mich verlassen.

Das ist mein Wort, das Wort
des untersten Menschen.

Und weil er selber
so weit unten war, ein
Mensch, der „Warum“ schreit und
schreit „Verlassen“, deshalb könnte man
auch die anderen Worte,
die von weiter oben,
vielleicht
ihm glauben

*Rudolf Otto Wiemer*

## NUR EIN WORT GENÜGT

**n**ur ein wort genügt
ein lächeln
ein wärmendes licht
und es verändert sich
die welt in dir

*Helena Aeschbacher-Sinecká*

## DAS GUTE WORT

**d**as gute wort
unerwartet
am ende der gasse
aus offenem
unscheinbarem mund

beflügelt

*Frank Fischer*

## ALLES IST MÖGLICH

**A**lles ist möglich dem der liebt
hast du mir vor zwei jahren geschrieben
hinzugefügt hast du
ich soll dich erinnern
an diesen satz

Alles ist möglich dem der glaubt
steht in der geschichte vom epileptiker
hinzugefügt hat die tradition
ich soll nicht aufgeben
die schrift zu lesen

Alles ist möglich denen die hoffen
hör ich von fernen Völkern sagen
hinzugefügt haben die briefschreiber
ich soll geld schicken

So erinner ich dich
an den alten satz

*Dorothee Sölle*

# LOB IN DER SCHRECKLICHEN WEIHNACHTSZEIT

**A**ls der regen auf die roten mäntel
der weihnachtsmänner fiel
und sie bonbons aus ihren säcken holten
und die kinder ihre eiligen mütter festhielten
und mir mir mich schrieen vor dem kaufhaus

gingen hinter mir zwei jungen
bei uns in chile ich traute meinen ohren nicht
sind die weihnachtsbäume viel größer
und der nikolaus holt alles runter ganz viel

Ich drehte mich um und sah einen menschen
von zwölf jahren mit schwarzen locken
er sagte in klarem deutsch zu dem blonden
alle kriegen was verstehst du keiner
kriegt nix verstehst du gar keiner

Dies ist eine wahre geschichte aus hamburg-altona
und drei gründe auf einmal
gott zu loben
für das gloria keiner kriegt nix gar keiner
für den engel im anorak
für das chile das war

Für das chile das sein wird

*Dorothee Sölle*

## LICHTFUNKEN

**E**in einsamer Mensch
auf deinem Weg.
Du schenkst ihm
ein Lächeln,
vielleicht
ein gutes Wort.

Es sind die
kleinen Lichtfunken,
die uns den
Himmel öffnen
inmitten
der Schrecken
unserer Welt.

*Lilly Ronchetti*

## LASS UND LIES

**S**ie sitzt da, als wäre sie von einer anderen Welt. Den Blick gesenkt, die Augen beinahe geschlossen. Aber nur beinahe, denn ihr Blick ist auf das kleine Buch gerichtet, das sie in Brusthöhe aufgeschlagen in den Händen hält. Ein junges Mädchen – versunken in das Abenteuer des Lesens. Das Bild mit dem

„Lesenden Mädchen“ hängt bei mir zu Hause an der Wand und verströmt eine Ruhe und Konzentration, die sich direkt auf den Betrachter überträgt. Wer so liest, scheint es zu sagen, betritt eine Welt, die jenseits des Alltagsgetümmels liegt.

Peter Handke notierte einmal: Die zwei schönsten Aufforderungen der deutschen Sprache seien die Wörter „Lass!“ und „Lies!“. Lassen und Lesen, das klingt nicht nur ähnlich, beides steht auch in geheimnisvoller Beziehung zueinander. Beide Male geht es darum, die Voraussetzung zu schaffen für eine gesammelte Stille, um die Gelassenheit beim Lesen. Wer liest, steigt ein in eine andere Zeit, in eine Geschichte auch, die anders ist, als die Normalität des eigenen Lebens. Vermutlich macht das gerade die Faszination am Lesen aus, dass wir lesend mit dem vom Alltag Abweichenden, dem Ungewöhnlichen und Rätselhaften des Lebens in Berührung kommen.

Was für jedes Buch gilt, gilt insbesondere für das Buch der Bücher. Die Bibel ist nicht nur ein Schlüssel für die europäische Musik und Malerei, für die Kantaten Johann Sebastian Bachs und die Skulpturen Michelangelos, für die Literatur von Dante bis Brecht. Die Bibel ist ein Schlüssel zum Verständnis des eigenen Lebens. Kein Buch eigentlich, sondern eher eine Bibliothek. Nicht von einem Autor verfasst, sondern von vielen Menschen geschrieben, ein Buch, das ihre Erfahrungen mit Gott wiedergibt, ihre Zweifel und Glaubenskämpfe, ihre Begeisterung und ihr Bedürfnis nach Trost.

Lass und lies! Das könnte ein gutes Losungswort sein, um neue Erfahrungsbereiche zu eröffnen, wo Menschen zu hören bekommen, was ihnen sonst niemand sagt. Wo die Fragen nach dem Ersten und dem Letzten, nach dem Woher des Bösen und dem Sinn des Leidens, nach dem Ziel dieser Welt und dem Grund des Trostes gestellt werden. Lass und lies! Das ist das Schlüsselwort, das die Wahrnehmung öffnen kann für das, was hinter dem Horizont wohnt. Lass die alltägliche Sicht der Welt wenigstens hin und wieder beiseite! Und lass dich lesend verwandeln von der wundersamen Geschichte Gottes mit den Menschen.

*Klaus Nagorni*

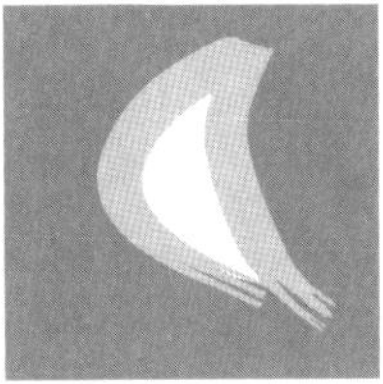

DUNKELHEIT

DAS VOLK,
DAS IM FINSTERN
WANDELT,
SIEHT EIN
GROSSES LICHT,
UND ÜBER DENEN,
DIE DA WOHNEN
IM FINSTERN TAL,
SCHEINT ES
HELL.

JESAJA
9,1

## WIR SEHEN JETZT DURCH EINEN SPIEGEL

„**W**ir sehen jetzt durch einen Spiegel..." Gottes Gedanken sind in der Welt nur wie im Spiegel aufzufangen. Wir sehen sie nur in der Spiegelschrift. Und die Spiegelschrift Gottes ist schwer zu lesen. Sie heißt ja wohl, daß Großes klein und Kleines Großes, Rechtes verkehrt und Verkehrtes recht ist, daß Hoffnungsloses Verheißung und Hoffnungsvolles das Gericht erwartet, sie heißt ja wohl, daß Kreuz Sieg und Tod Leben bedeutet. Wir lesen die Spiegelschrift Gottes in Jesus Christus, in seinem Leben und Reden und Sterben. „Wir sehen durch einen Spiegel *in einem dunklen Wort*" – das dunkle Wort des Kreuzes als die Spiegelschrift Gottes, das ist wahrhaftig schwer zu erkennen und zu begreifen ... „*dann aber* von Angesicht zu Angesicht" – „dann aber" wenn nämlich das Vollkommene hereinbricht, wenn der Spiegel der Welt zerbricht und der Glanz und das Licht Gottes uns selbst umfangen wird – „dann aber" – am Ende, an unserem Ende, in der Stunde unseres Sterbens und Aufhörens und Davongehens – „dann aber" von Angesicht zu Angesicht... Dann ist die Klarheit da, dann ist die vollendete Liebe bei uns. „Von Angesicht zu Angesicht" – Gott sehen, wie er ist, eine

Liebe nicht nur glauben, sondern schauen, spüren, fühlen, empfinden, in seiner Liebe selig sein … „Jetzt erkenne ich's stückweise. Dann aber werde ich erkennen, gleichwie ich erkannt bin" – das ist die Lösung, „gleichwie ich erkannt bin" – das ist der Grund, warum allein ich hoffen darf, so zu erkennen und so das Vollkommene zu erfahren – daß ich erkannt bin von Gott, von der Liebe, von dem Vollkommenen, Sein Licht sucht meine Augen, Seine Liebe sucht mein Herz, ER hat mich schon längst erkannt und geliebt – und darum zieht es mich so unwiderstehlich dazu, ihn wieder zu erkennen und wieder zu lieben. Darum drängt es durch alles Stückwerk hindurch auf ihn hin, auf das Vollkommene hin. Ich könnte ihn nicht erkennen, wenn Er mich nicht erkannt hätte.

*Dietrich Bonhoeffer*

**n**ur im dunklen wasser
spiegelt sich das licht

nur am dunklen himmel
leuchten die sterne

*Helena Aeschbacher-Sinecká*

## DUNKELSTUNDEN

**A**uch die dunklen Stunden müssen gezählt werden,
Stück für Stück, bis sie ein Mantel werden
dichtgewebt genug, um an kälteren Tagen
sich darin einzuhüllen
leicht genug, um ihn auf dem Arm zu tragen
wenn die Sonne schiene…

*Åse-Marie Nesse*

## AM RANDE DER ERDE

**e**intauchen
in blauschwarzes
dämmerlicht
lebensräume erfassen
versuch
der spur einen weg
zu bahnen
über die meere

am rande der erde
erfüllung

*Gabriele Hager*

## AUS DEM DUNKEL

**a**us dem dunkel trägt
der sichelmond
des nachtvogels stimme
hinauf zu den sternen
und es wächst
ein uralter traum
in den himmel

*Gabriele Hager*

## MITTEN IN DER NACHT

**A**uch die Nacht hat ihre Helligkeit, eine Helligkeit für unser inneres Auge. Weil die Nacht uns den Blick verstellt auf die bekannte Welt, weil unser nach außen gerichteter Blick ins Dunkel stößt, wird unser inneres Auge, unser Herz-Auge sehend. Mitten in der Nacht kann mir ein Licht aufgehen über mich, kann ein klärendes, erhellendes Licht auf mein Denken und Sehnen, Hoffen und Wünschen fallen.

*Gerlinde-Maria Gard und Annette Gawaz*

## ZU KEINER ZEIT

**I**ch will dem Winter nicht
entfliehen.
Die dunkle Zeit des Jahres
will ich miterleben.
Zu keiner Zeit
kann es zu Hause schöner sein.
Zu keiner Zeit
kann eine Kerze heller brennen,
als wenn es früh schon dunkelt
und vor dem Fenster
kalte Nebelschwaden ziehn.
Im Schein der Kerzen
rücken wir zusammen.
Es ist die Zeit der Träume
und Erinnerungen.
Die Zeit, wo wir uns näher sind.

Nein,
ich will dem Winter nicht
entfliehen.

*Sabine Ulrich*

## BRACHZEIT

**I**n der dunklen Erde
ruhen Samen,
Knollen und Zwiebeln.
Verborgen in Höhlen
und Nestern halten Tiere
ihren Winterschlaf.

Bäume und Sträucher
stehn entlaubt,
ohne sichtbare Zeichen
des Lebens.
Sie existieren gleichsam
nach innen gekehrt,
sammeln Kräfte
um sich erneut
zu veräußern.

Groß wird die Stille
in dir – Mensch –
in den Zeitspannen
deiner Rückbesinnung.
Heilsame Brachzeit
vor dem Aufbruch
zu neuen Ufern.

*Lilly Ronchetti*

## WIE EIN WARMES TUCH

**D**amals, erzählte mein Schwiegervater, saßen wir am Tisch oder standen am Fenster. Die Sonne – sofern sie sich tagsüber gezeigt hatte – stand schon tief. Dämmerung brach herein und der Baum vor dem Haus verlor seine Konturen. Noch nicht anzünden, sagte die Mutter, jetzt noch nicht! Gemeint war das elektrische Licht, das damals ein Kostenfaktor war, und weil man jeden Pfennig drehte und wendete, bevor man ihn ausgab, war es am späten Nachmittag zu früh, um Strom zu verbrauchen. Aber es war bereits so finster, dass man weder Zeitung lesen noch nähen und flicken oder sonst etwas tun konnte. Auch die Mutter legte ihre Strickarbeit zur Seite, denn sie sah zu wenig, um die Maschen fehlerlos umzuschlagen, obwohl unter ihren flinken Händen schon so mancher Pullover und unzählige Socken entstanden waren. Jetzt war es Zeit für alle, die Arbeit niederzulegen. Wer immer in der guten Stube war, saß da und legte die Hände in den Schoß. Kaum jemand sagte ein Wort. Was gab es schon zu reden? Ruhe breitete sich aus und legte sich wie ein warmes Tuch über Menschen und Dinge. Jeden Abend dieselbe, selbstverständliche Zeremonie, die sich wie von selbst ergab, vor allem in der kalten

Jahreshälfte: Zu dunkel, um sich zu betätigen, und zu früh, um Licht anzuzünden. Der Vater zog an der Pfeife und wir Kinder sahen zum Fenster hinaus, wie der Tag sichtbar zu Ende ging. Geschenkte Stille, willkommene Pause. Niemand sprach von ungenutzter Zeit. Erst als es wirklich dunkel war und wir einander nur noch in Umrissen erkannten, sagte die Mutter: So, jetzt ... Und jemand knipste die Lampe an.

*Vreni Merz*

## ZWISCHEN TAG UND NACHT

Ein Rabbi fragte einst seine Schüler, wie man die Stunde bestimmt, in der die Nacht endet und der Tag beginnt. Ist es, wenn man von weitem einen Hund von einem Schaf unterscheiden kann? Nein, sagte der Rabbi. Ist es, wenn man von weitem einen Dattel- von einem Feigenbaum unterscheiden kann? Nein, sagte der Rabbi. Aber wann ist es dann? Der Rabbi antwortete: Es wird Tag, wenn du in das Gesicht irgendeines Menschen blicken kannst und in ihm deinen Bruder oder deine Schwester erkennst.

*Jüdische Überlieferung*

## DUNKELHEIT

**D**unkelheit
schwerer gütiger Mantel der Nacht

Dunkelheit
Schutz für flüchtende
Menschen und Tiere

Dunkelheit
Atempause im lauten Trubel
Langsamere Zeittropfen

Dunkelheit
Liebende im augenschließenden Licht
kosten ein tieferes Spiel

Dunkelheit
Träume tragen auf großen Flügeln
die Sehnsucht aus hellen Tagen
in dunkle Zukunft

*Elisabeth Bernet*

## GEBORGENHEIT

Nach langen lauten Tagen
geh ich gern den Weg übers Feld
        die Dunkelheit ist gnädig

keine Straßenlaterne leuchtet grell
keine Scheinwerfer blenden
        die Dunkelheit ist gnädig

kein Hasten, kein Rennen ist möglich
Abstand gelingt zu allen Dingen
        die Dunkelheit ist gnädig

Kummerfalten deckt sie zu
und das, was Menschen hässlich nennen
        die Dunkelheit ist gnädig

die Dunkelheit der ersten Wiege
tief in der Mutter
        war Geborgenheit

die Dunkelheit der letzten Wiege
tief in der Mutter Erde
        wird Geborgenheit sein

*Elisabeth Bernet*

Für mich waren diese Wochen vor Weihnachten die schönsten des Jahres. Die Dämmerstunden mit der Urgroßmutter waren uns und sind mir noch heute der Inbegriff von Geborgenheit und Frieden. Da saßen wir in ihrem kleinen Stübchen, das erfüllt war vom Duft der Bratäpfel, die auf dem kleinen Kanonenöfchen schmorten und von den Gewürzen, die unwiderruflich davon kündeten, dass die Zeit des Plätzchenbackens angebrochen war und Weihnachten immer näher rückte.

Nie habe ich mich so mit meinen Schulaufgaben beeilt wie in diesen Wochen. Denn wenn wir sie beendet und die Urgroßmutter sie kontrolliert hatte, durften wir uns auf die beiden Fußbänkchen setzen, die meine Schwester und ich dann unter Urgroßmutters Bett hervorziehen durften, wo sie den Tag über versteckt auf uns warteten. Und dann schauten wir aus dem Fenster und beobachteten die Wolken und den Himmel, dessen Farben sich langsam, aber stetig, änderten. Es war eine stille Zeit. Die Urgroßmutter gehörte nicht zu den Geschwätzigen. Doch sie hörte uns zu, wenn wir miteinander plauderten. Am schönsten aber war es, wenn sie erzählte. Ich glaube, es waren gar nicht so viele Geschichten, die wir auf diese Weise kennen lernten. Aber die wenigen, die sie so oft wiederholte, dass wir sie schließlich auswendig konnten, haben mich mein Leben lang begleitet. Und dann die große Spannung: wer von uns würde den ersten Stern erblicken? Ein Augenblick, der rasch verging, weil unversehens sich einer um den andern zu ihm gesellte, bis der ganze Himmel von ihnen erfüllt war!

Köstlich waren diese adventlichen Minuten oder Stunden der Dämmerung, voller Verheißung und – ja, und voller Trost. Mochten da draußen die Stürme toben oder der Regen niederprasseln; sie konnten uns nicht schrecken. In jenen stillen Zeiten bei der Urgroßmutter begannen wir etwas zu ahnen von dem Geheimnis der Dunkelheit, aus deren Mitte sich irgendwann das Licht erhob, sei es nun das matte Silber des Mondes und des Sternenhimmels oder der flackernde Schein der Kerze, die sie dann leise und andächtig entzündete, wenn wir unsere Gesichter nicht mehr erkennen konnten.

*Wilma Klevinghaus*

## HIGHLIGHT-WEIHNACHTEN

**H**elligkeit flutet die Stadt.
Weihnachtsleuchtreklamen
auf Straßen und Plätzen.
Lichterlametta und Neonbögen
in Bäumen und Sträuchern.
Blitzlichtgewitter
hinter Fensterscheiben.

Der du im Dunkeln wohnst,
sei Wolkensäule am Tag mir
und Feuersäule bei der Nacht.
Dass ich die Helligkeitswüsten
unversehrt durchquere.

Und dich finde in meinen Dunkelheiten.
Und mir leuchte dein Antlitz.

*Klaus Nagorni*

# INMITTEN DES DUNKELS

**G**ott
Erstrahlt hell
Inmitten des Dunkels
Singt der Vogel
Das Lied der
Aufgehenden Sonne
Die Erinnerung wird
Vorwärtsgerichtet
Ein Kind ist uns
Geboren
Angekommen
Heruntergekommen
Ausgeliefert
Mensch
Unter Menschen
Friedensbringer

*Hartmut Lotz*

## LIED VOM LEBEN

Gestern lag ich lange wach ... dann träume ich mir Verschiedenes im Dunkeln ... So liege ich zum Beispiel hier in der dunklen Zelle auf einer steinharten Matratze, um mich im Haus herrscht die übliche Kirchhofstille, man kommt sich vor wie im Grab; vom Fenster her zeichnet sich auf der Decke der Reflex der Laterne, die vor dem Gefängnis die ganze Nacht brennt... Da liege ich still, allein, gewickelt in diese vielfachen schwarzen Tücher der Finsternis, Langeweile, Unfreiheit, des Winters – und dabei klopft mein Herz von einer unbegreiflichen, unbekannten inneren Freude; wie wenn ich bei strahlendem Sonnenschein über eine blühende Wiese gehen würde. Und ich lächle im Dunkeln dem Leben, wie wenn ich irgendein zauberhaftes Geheimnis wüßte, das alles Böse und Traurige Lügen straft und in lauter Helligkeit und Licht wandelt. Und dabei suche ich selbst nach einem Grund zu dieser Freude, finde nichts und muß wieder lächeln – über mich selbst. Ich glaube, das Geheimnis ist nichts anderes als das Leben selbst, die tiefe nächtliche Finsternis ist so schön und weich wie Sammet, wenn man nur richtig schaut; und in dem Knirschen des feuchten Sandes unter den langsamen schweren Schritten der Schildwache singt auch ein kleines schönes Lied vom Leben – wenn man nur richtig zu hören weiß.

*Rosa Luxemburg an Sonja Liebknecht, Breslau, Mitte Dezember 1917*

## HOFFNUNG

**M**ich im Dunkeln an dem bisschen Licht freuen,
das ich zu ahnen beginne.
Glücklich lächelnd den Mangel spüren
und wissen: er wird befriedet werden.
Voller Erwartung das Unangenehme ertragen
– Änderung wird kommen.
Die Schönheit des Dunkels genießen
– denn erst in diesem Kontrast leuchtet
das Goldene wirklich.
Das Licht ist da
– und wirft seinen Glanz auf das Dunkle!
Ich sage Ja zum Kontrast!
Ich sage Ja zum Unklaren!
Ich sage Ja zum Jetzt!

*Bettina K. Hakius*

**D**ie Vertreibung der Dunkelheit, die Lichtüberflutung der Welt, scheint eine Folge aufklärerischen Bestrebens. Wo das Dunkel nur negativ besetzt ist, ist seine Austreibung ein Gebot des klaren Verstandes. Aber es gibt auch eine andere Weise, die Dunkelheit zu verstehen, ein positives Verständnis von Dunkelheit. Dunkelheit als Wohnort des Geheimnisses, als Ort Gottes, als Bezirk des Allerheiligsten.

Die Mystiker aller Zeiten, insbesondere Johannes vom Kreuz, wussten sehr gut, dass Gott eher im Dunkel als im Licht zu finden ist. Und noch in einem modernen Adventslied erinnert Jochen Klepper daran: „Gott will im Dunkel wohnen und hat es doch erhellt". Die Mystiker kannten die Dunkelheiten des Lebens, auch das Dunkel, das Gott umgibt. Aber das Dunkel war für sie nicht nur Ort der Bedrohung, sondern auch Zuflucht, Fluchtpunkt letzter Geborgenheit. Was wäre die Geschichte des Glaubens ohne die vielen Nächte, ohne das, was „wohl zu der halben Nacht" im Stall in Bethlehem geschah? Das Wunder der Menschwerdung Gottes geschieht zur nächtlichen Zeit und nicht am helllichten Tag. Dieses Wunder kann nicht im gleißenden Scheinwerferlicht und im hektischen Lärm täglicher Routine geschehen, sondern bedarf des Schutzes der Nacht.

Zwischen Tag und Nacht gewinnt die Welt etwas von ihrer Schöpfungsanmut zurück. Die Welt, am helllichten Tag immer nur Objekt menschlichen Zugriffs, spricht in der Dunkelheit eine eigene Sprache. Im Angesicht der Nacht begreift der Mensch, dass nicht seine Leistungen sein Menschsein ausmachen, sondern die Fähigkeit, die Gaben der Nacht zu empfangen. So ist es die spannungsreiche Beziehung zwischen hell und dunkel, Tag und Nacht, die die eigentliche religiöse Erfahrung beschreibt. Das ewige Licht entspricht Gott genauso wenig wie die ewige Dunkelheit. Aber an der Nahtstelle von beiden, in spannungsreicher Verschränkung, begegnet der Heilige – als Licht im Dunkel und als Dunkel im Licht. Immer aber als der ganz Andere, der dem menschlichen Ortungsbedürfnis weit voraus ist.

Die allgegenwärtige Erhellung aber ist nicht Erleuchtung. Im Zeichen allgemeiner Illumination ist es an der Zeit, die Dunkelheit zu rehabilitieren. Denn Erleuchtung kann kein künstliches Licht bewirken. Sie geschieht vielmehr da, wo die Nacht am schwärzesten, die Dunkelheit am tiefsten geworden ist. Nur dort, wo die Tiefe der Nacht erlebt und erlitten wird, kann Licht wirklich zum Leuchten kommen.

*Klaus Nagorni*

## VERTRAUEN

**i**m schnee
an die kraft
der krokusse
glauben

unter alter
haut
den neuen menschen
wachsen
lassen

im dämon
der nacht
den engel
spüren

im fallen
auf seine
großen hände
hoffen

*Wilhelm Bruners*

## LICHT

UND DAS
LICHT
SCHEINT IN
DER FINSTERNIS,
UND DIE
FINSTERNIS
HAT'S NICHT
ERGRIFFEN

JOHANNES
1,5

„**F**ür Jakob“, sagte er und nahm ein Opferlicht in die Hand. Andächtig entzündete er es mit einem brennenden Wachsdocht und stellte es in eine freie Lücke, jedes Mal, wenn wir eine Kirche betraten. Sein Bruder Jakob wäre drei Jahre jünger gewesen als er. Wenn er gelebt hätte. Nur sein Name leuchtet immer wieder auf in jener kleinen Flamme, für die es in fast jeder Kirche einen Ort gibt. Dämmerige, rauchgeschwängerte Nischen, in denen die Wärme zahlloser Lichter sich vermischt mit dem Duft von Wachs und dem Schweigen der Besucher.

Es ist die ganz persönliche Frömmigkeit, die sich diese Orte geschaffen hat in den Versammlungsräumen der christlichen Gemeinde und am Rande der kirchlichen Liturgie. Doch schon in vorchristlicher Zeit haben die Menschen Kerzen angezündet, vor allem, wenn sie ihrer Toten gedachten, und um Dämonen abzuwehren. Mächte, die sich in der Finsternis verbargen, und Ängste, welche die Nacht bewohnen. Die Christen haben diesen Brauch übernommen und ihre Toten mit brennenden Kerzen an jene Schwelle geleitet, an der auch sie nichts als Finsternis sehen können, an der sie aber Jesus Christus als das Licht bekennen. Jedes kleine Opferlicht übt dieses Bekenntnis ein und setzt der Angst jenes Vertrauen entgegen, das wir Glauben nennen. Die Kerze besitzt eine therapeutische Kraft. Und vielleicht haben sich diese Kraft auch noch jene Kerzen bewahrt, die durch die grinsenden Fratzen ausgehöhlter Kürbisse hindurchleuchten. Halloween, nur eine Spielart des alten Dramas von Licht und Finsternis. Weil es niemanden unberührt lässt, wenn das Jahr sich neigt und die Nächte lang werden. Und weil sie alle, Christen und Nichtchristen, an das Licht glauben, das Gott nach dem Zeugnis der Bibel am Anfang der Schöpfung ausruft: „Es werde Licht" (Gen 1,3). Das ist sein erstes Wort. *In principio*, im Anfang, also: prinzipiell.

*Andrea Pichlmeier*

## DER LEITSTERN

**D**er Beduine, der sich in der Wüste auskennt,
tauchte mich in tiefe Nachdenklichkeit
mit seiner geheimnisvollen Bemerkung:
Es genügt das Fehlen eines Sternes,
damit eine Karawane die Richtung verliert.

*Dom Hélder Câmara*

## MOND & STERNE

**a**lles
fließt
wandelt
ändert

ich suche das vertraute

den mond
die sterne
den stern

sie bleiben

*Frank Fischer*

## HELLES VERSPRECHEN

**U**nd wären
aller Sternenstaub,
alle Sonnenstrahlenbündel,
alle Lichtblitze,
die jemals das Antlitz
dieser Erde trafen,
hier und jetzt vereint
in ihrer gesamten Helligkeit,
so wären sie doch nicht mehr als

dürftige Kandelaber
aufgestellt zu Ehren
des einen
unvorstellbar hellen Lichts,
das ab heute
mit mächtig milder Strahlkraft
Liebe und Hoffnung für uns alle
verspricht.

*Angelika Wolff*

## EINS IST NOTWENDIG

**E**ins ist notwendig – hier
in dieser unserer komplizierten Welt
von Obdachlosen und Heimatlosen:

In sich selbst Wohnung beziehen

Geh hinein ins Dunkel
und putze den Ruß von der Lampe.

Damit Menschen auf der Straße
Licht schimmern sehen
in deinen bewohnten Augen.

*Hans Børli*

## ADVENT – LOBPREIS

**G**ott – Vater – Sohn – Heiliger Geist
Von Anbeginn existierst du in mir.
Ich bin dein Werk.
Deine Inspiration.
In meinem Atem entdecke ich deinen Odem,
deinen Geist.
Im Unsichtbaren entdecke ich das Geheimnis
des Wesentlichen meines
allen Lebens.
Du hast mich in deinem Licht erschaffen.
In diesem Bewusstsein für dich
für mich
für alles
was du erschaffen hast
Licht zu sein
dem Wesen des Himmels es gleichzutun –
in meinem Fühlen
Denken
Reden
und Tun
hell
licht
klar
weit

offen
unbegrenzt zu sein
wo heute schon
ein Stück Himmel auf Erden werden kann
Amen

*Manfred Fischer*

## STERNENNACHT IN DEN ANDEN

Es war auf der Rückfahrt von Argentinien nach Chile. Unsere Rucksackreise durch den Süden des Kontinentes neigte sich ihrem Ende zu. Per Anhalter waren wir mit einem urtümlichen Truck aus den weiten Ebenen Patagoniens hinauf in die Kordilleren gefahren. An einer Weggabelung hatte uns der freundliche Fahrer herausgelassen. Nur noch ein paar Kilometer bis zum nächsten Bergdorf. Aber wir schafften es nicht vor Einbruch der Dunkelheit. Im Dämmerlicht begegneten wir einem einsamen Reiter. Der klapprige Gaul und sein reichlich abgerissener Reiter machten keinen vertrauensvollen Eindruck. Trotzdem folgten wir seinen heftigen Gesten: „Nicht mehr weit, da entlang". Die Pferdehufe entfernten sich. Dann aber schien es, als hätte der Reiter sich anders besonnen. Das leise Hufgetrappel schien uns jetzt in einigem Abstand zu folgen. War es Einbildung oder hörten wir jetzt die Hufe mehrerer Tiere? Wir – zwei deutsche Austauschschüler mit reichlich Reiselust im Rucksack, aber wenig Erfahrung – bekamen es mit der Angst zu tun. Waren wir nicht vor nächtlichen Überfällen gewarnt worden? Also schlugen wir uns seitlich in die Büsche und hatten unsere Mühe, in der einsetzenden Nachtkälte nicht unsere Zähne laut aufeinander schlagen zu lassen. Und in der Tat, bald schon sahen wir die Silhouetten dreier Männer vorbeireiten. War der eine nicht der, der uns den Weg geraten hatte? Wir hatten nicht vor, das herauszufinden. Leise stiegen wir weiter den Hang hinauf, mitten hinein in einen Bergwald. Hier, mitten unter den Bäumen, war es stockfinster. Mit einiger Mühe gelang es uns, die eine Hängematte, die wir mit uns hatten, zwischen zwei Bäume zu spannen. Abwechselnd wollten wir schlafen. Der andere sollte Wache halten. Es wurde eine einsame Nacht. Eine Nacht der Gespenster. Kalt und dunkel. Die Ohren und alle Sinne hellwach. Die Minuten schleppten sich dahin. Die Nacht wollte nicht vergehen. Während meiner Wache drehte ich meine einsamen Kreise um den schlafenden Freund in seiner Hängematte.

Er schien tief und fest zu schlafen, als rührte ihn das alles nicht. Mit den Stunden wurden meine Kreise weiter. Die Augen hatten sich an die Finsternis gewöhnt. Irgendwann führten mich meine einsamen Rundgänge auf eine kleine Lichtung. Die Bäume wichen zurück. Es war, als hätte einer den dunklen Vorhang weggezogen. Ein Sternenhimmel öffnete sich über mir, der mir den Atem nahm. Es ist, als fällst du hinein in ein Meer aus nächtlichem Leuchten. Das Kreuz des Südens. Näher kommst du der Milchstraße nicht mehr. Es wurde ruhig und still in mir, als hätte sich der Himmel wie ein wärmender Mantel über mich gedeckt. Wie lange ich da gestanden haben mag, ich weiß es nicht.

Die Nacht hatte uns verfolgt mit tausend Augen der Angst. Jetzt war ich aus der Enge herausgefallen; in ein Geheimnis von unaussprechlicher Weite und Geborgenheit.

Was ich damals wirklich gedacht habe, weiß ich heute nicht mehr. Die Erinnerung ist ein Gefühl von verwehter Angst und tiefem Frieden. Da war eine Ahnung, eine Gewissheit, dass da ein Gott über uns wacht. Der Gott, der die Welt in ihrer Tiefe und Weite geschaffen hat, der auch mich zu einem Tautropfen seiner Schöpfung, zu einer

Stimme in seinem Großen Gesang bestimmt hat. Vielleicht, so denke ich heute, hat diese Ahnung mich gestreift, gerade weil mich die Angst um mein Leben und die Erfahrung des Dunkels so heftig gepackt hatten. Vielleicht bedarf es dieses krassen Gegensatzes von Erfahrung.

Ein Vers aus Psalm 139 ist mir in Gedanken. Ich habe ihn lange mit mir getragen, ohne seinen Sinn zu begreifen. In dieser Nacht in den argentinischen Anden habe ich wohl den Schlüssel gefunden. Oft genug suche ich ihn aufs Neue.

„Spräche ich: Finsternis möge mich decken und Nacht statt Licht um mich sein, so wäre auch Finsternis nicht finster bei dir und die Nacht leuchtete wie der Tag. Finsternis ist wie das Licht.“

*Hubert Böke*

## IN DIESER EINEN NACHT

Aus Deinem Antlitz strahlt das Licht – Maria –
Des Sohnes, den mit Schmerzen Du gebarst
Wie alle Mütter
Und wie Jede
Littest Du mit ihm
Das Ausgestoßensein

Und die Verfolgung
Am tiefsten littest Du in seinem Tod
Wie alle Mütter
Und doch liegt das Licht
Auf Deinem Antlitz
Wie das Morgenrot
Die Himmel dieser dunklen Nacht erleuchtet –
Uns wärmend
Mit dem Abglanz eines Lichts
Das wir nur ahnen
Und das heute
Uns aufnimmt so als seien wir
Für immer schon hinein genommen
In ein Sein
Wo jeder Schmerz verstummt
Und steigt
Und wird zum Stern
In dieser einen Nacht

*Ju Sobing*

## AUS WEITEN HÖHEN

Aus weiten Höhen fällt gefror'nes Licht,
die Erde ruht und nimmt es an,
und eine große Stille bricht
sich schweigend in unzähligen Kristallen.

Zur Erde strebend hüllen sie
mich ein, mein Schweigen singt
und findet Raum
und Heimat hier – als hätt' es nie
die Enge meiner Brust umschlossen.

Ich setze meine Füße Schritt vor Schritt,
und wenn ich stehen bleib' und ruh'
im Anblick meiner Spuren einen Augenblick,
so scheint es mir, als sähe jemand zu.

*Judith Magdalena Kornev-Rietmann*

## WEISST DU NOCH

Weißt du noch, wie wir als Kinder
den Winter liebten?
Sind gelaufen – verzaubert – hinaus in das Weiß.
Die Augen, die glänzten, wir schauten nach oben
und fingen das schmelzende Glück mit dem Mund.

Fassten uns an den Händen und tollten ins Tal.
Schnee-Engel...
Unsere Augen glänzten und wir fanden
tausend Sterne
zu unseren Füßen
und warfen sie lachend zum Himmel zurück.

*Silvia Droste-Lohmann*

## WÄRME

**I**rgendwo am Ende der Welt brennt ein helles und wärmendes Licht. Der Weg dorthin ist weit und beschwerlich, aber wem es gelingt, sich etwas von dem Licht nach Hause zu holen, dem verspricht es Wärme, Glück und Leben. Eine Frau machte sich auf den Weg. Sie entzündete ihre Kerze an dem großen, hellen Licht und begab sich überglücklich auf den Heimweg. Unterwegs traf sie einen Menschen, der am Rande des Weges saß und fror und sie um Licht und Wärme bat. Die Frau zögerte: Ist meine Flamme nicht zu kostbar, um sie weiterzugeben? Löscht sie vielleicht sogar aus? Aber schließlich siegte ihr gutes Herz; sie gab dem Frierenden Licht und ging weiter. Als ihr Zuhause schon in Sichtweite war, zog ein furchtbares Unwetter auf. Sie versuchte, ihr Licht unter dem Mantel zu schützen, doch Regen und Wind brachten die Kerze zum Erlöschen. Alle Strapazen und Mühen waren umsonst gewesen, denn sie würde den anstrengenden Weg zur Lichtquelle nicht ein zweites Mal schaffen. Da fiel ihr der Mensch ein, dem sie unterwegs von ihrem Licht abgegeben hatte. Bis zu ihm, dachte sie, werden meine Kräfte reichen. Sie kehrte um und fand den Gesuchten tatsächlich. Bei ihm war es jetzt hell und warm. So konnte sie an der Flamme seines Lichtes ihre Kerze noch einmal entzünden.

*Klaus Nagorni*

## GEBET EINER KERZE

**D**u hast mich entzündet durch dein Wort, o Gott,
Licht vom Licht entflammt
durch einen Funken deines Geistes.
Nun versuche ich standzuhalten
dem Wind, der Kälte und der Dunkelheit,
mich verzehrend an dem Ort, den du mir zuweist.
Manchmal flackernd dem Erlöschen nahe,
aber den glimmenden Docht
wirst du nicht auslöschen.

*Erich Puchta*

# DER SAPODILLA-BAUM

**V**or langer, langer Zeit lebte ein kleiner Junge namens Efebo. Mit seinen Eltern wohnte er in einer ärmlichen Hütte. Efebos größter Wunsch war es, einmal einen Weihnachtsbaum zu haben.

Eines Tages stand Efebo in der Abenddämmerung vor seiner Hütte im Tal. Er schaute sehnsüchtig hinauf zu den Hügeln, auf denen die großen Häuser der Reichen standen. Dort oben blitzten und glitzerten schon jetzt die vielen Lichter auf den Weihnachtsbäumen in den Gärten und auf den Terrassen. Efebo seufzte: „Ach, wie gerne hätte auch ich einmal einen Weihnachtsbaum mit vielen glänzenden und glitzernden Lichtern." Ein Glühwürmchen flog vorbei. Es hörte Efebo seufzen und dachte sich: „Armer, kleiner Junge, vielleicht kann ich dir helfen." Dann flog es auf den großen Sapodilla-Baum vor der kleinen Hütte von Efebo. Dort blinkte und blitzte es und rief seine vielen Freunde herbei. Bald kamen noch ein Glühwürmchen, dann zwei, dann zehn, dann zwanzig, bald waren es Hunderte und Tausende von Glühwürmchen. Sie schwirrten um Efebos Kopf und ließen sich auf dem Sapodilla-Baum nieder. Efebo schaute verwirrt um sich. Sein Sapodilla-Baum war über und über mit kleinen funkelnden Lichtern besetzt! Die dunkle Hütte erstrahlte in hellem Licht.

Die Menschen im Tal und auf den Hügeln sahen verwundert den leuchtenden Baum. Was für ein Baum! Glitzernde Glocken waren zu sehen, Sterne und Kreise, denn die Glühwürmchen schwirrten, flirrten und wirbelten fröhlich auf dem Baum durcheinander. Die ganze Nacht betrachtete Efebo seinen Baum, bis im Morgengrauen das Licht der Glühwürmchen erlosch.

Von nun an kamen die Glühwürmchen jede Nacht und blieben bis zum Morgen, die ganze Weihnachtszeit hindurch. Sie blinkten, glitzerten und funkelten durch die lange dunkle Nacht. Viele Menschen kamen zu Efebo, um seinen Weihnachtsbaum zu sehen. Einige kamen jeden Abend. Manche brachten Kuchen, Nüsse und Süßigkeiten mit. Sie legten alles unter den Baum – als Geschenke für die Glühwürmchen und für Efebo. Es wurde das schönste Weihnachtsfest, das Efebo je erlebt hatte. Und seit dieser Zeit kommen die Glühwürmchen jedes Jahr zu Weihnachten und erleuchten den Sapodilla-Baum.

*VerfasserIn unbekannt*

# NACHWEISE

**Helena Aeschbacher-Sinecká**: S. 15, 29, 34, 59, 69 und 77, © bei der Autorin. / **Christel Anders**: S. 60, © bei der Autorin. / **Stefan Andres** (1906–1970): S. 24f. (Ausschnitt), aus: ders., Der Knabe im Brunnen, Piper Verlag GmbH, München 1953, © Erben Andres. / **Rose Ausländer** (1901-1988): S. 66, aus: dies., Wieder ein Tag aus Glut und Wind. Gedichte 1980-1982, © S. Fischer Verlag GmbH, Frankfurt/Main 1986. / **Elisabeth Bernet**: S. 84 und 85, © bei der Autorin. / **Hubert Böke**: S. 101ff., © beim Autor. / **Hans Børli** (1918-1989): S. 99, © und Übertragung aus dem Norwegischen: Gerhard Heilmann. / **Dietrich Bonhoeffer** (1906-1945): S. 76f., aus: ders., Werke, Band 13: London 1933-1935, © by Gütersloher Verlagshaus, Gütersloh, in der Verlagsgruppe Random House GmbH, München. / **Wilhelm Bruners**: S. 94, © beim Autor. / **Christine Busta** (1915-1987): S. 36, aus: dies., Wenn du das Wappen der Liebe malst, © Otto Müller Verlag, 3. Aufl., Salzburg 1995. / **Dom Hélder Câmara** (1909–1999): S. 97, InhaberIn der Rechte unbekannt. / **Silvia Droste-Lohmann**: S. 106f., © bei der Autorin. / **Ursula Eggenberger**: S. 16ff., © bei der Autorin. / **Frank Fischer**: S. 69 und 98, © beim Autor. / **Manfred Fischer**: S. 100f., © beim Autor. / **Gotthard Fuchs**: S. 60 ff., aus der Wochenzeitschrift „Christ in der Gegenwart" (Nr. 46/05, Freiburg i. Br., www.christ-in-der-gegenwart.de), © beim Autor. / **Gerlinde-Maria Gard/Annette Gawaz**: S. 79, aus: Gerlinde-Maria Gard/Annette Gawaz, Wetterfest. Achtsam leben mit Sonne, Regen und Wind, © Schwabenverlag, Ostfildern 2004. / **Gabriele Hager**: S. 78 und 79, © bei der Autorin. / **Bettina K. Hakius**: S. 91, © bei der Autorin. / **Almut Haneberg**: S. 2 und 66f., © bei der Autorin. / **Günter Jena**: S. 42f., © beim Autor. / **Jüdische Überlieferung:** S. 83, AutorIn und InhaberIn der Rechte unbekannt. / **Arnim Juhre**: S. 16, aus: ders., Frieden will geboren sein. Advents- und Weihnachtsgedichte, © Lutherisches Verlagshaus, Hannover 2001. / **Bernd Kebelmann**: S. 46 und 47, © beim Autor. / **Wilma Klevinghaus**: S. 36ff. und 86f., © bei der Autorin. / **Ulrich Knellwolf**: S. 40ff., © beim Autor. / **Judith Magdalena Kornev-Rietmann**: S. 106, © Clemens Rietmann. / **Verena Lang**: S. 21 und 22, © bei der Autorin. / **Eva-Maria Leiber**:

S. 28, 44f. und 51, © bei der Autorin. / **Sabine Leibholz-Bonhoeffer** (1906-1999): S. 25, aus: dies., Weihnachten im Hause Bonhoeffer, © by Gütersloher Verlagshaus, Gütersloh, in der Verlagsgruppe Random House GmbH, München. / **Hartmut Lotz**: S. 89, © beim Autor. / **Rosa Luxemburg** (1871-1919): S. 90f., (Ausschnitt) aus: dies., Briefe aus dem Gefängnis, © Karl Dietz Verlag Berlin GmbH 2000. / **Stein Mehren**: S. 34, © und Übertragung aus dem Norwegischen: Gerhard Heilmann. / **Vreni Merz**: S. 14f., 30, 58f. und 82f., © bei der Autorin. / **Jörg Metzinger**: S. 45f., © beim Autor. / **Antje Sabine Naegeli**: S. 57, © bei der Autorin. / **Klaus Nagorni**: S. 6ff., 32f., 50f., 72ff., 88, 92ff. und 107 f., © beim Autor. / **Åsse-Marie Nesse** (1904-2001): S. 78, © und Übertragung aus dem Norwegischen: Gerhard Heilmann. / **Sylvia Ohland**: S. 32 © bei der Autorin. / **Andrea Pichlmeier**: S. 96f., aus der Wochenzeitschrift „Christ in der Gegenwart" (Nr. 46/05, Freiburg i. Br., www.christ-in-der-gegenwart.de), © bei der Autorin. / **Ulrike Piechota**: S. 55ff., © bei der Autorin. / **Erich Puchta**: S. 108, © beim Autor. / **Lilly Ronchetti**: S. 26, 72 und 81, © bei der Autorin (CH-6260 Reiden). / **Hermann Schmider** (1906-1967): S. 43, © Ingo Gutmann. / **Ju Sobing**: S. 35 und S. 104f., © bei der Autorin. / **Dorothee Sölle** (1929-2003): S. 63f., (Ausschnitt) aus: Lob der sieben Tröstungen, hrsg. von Rudolf Walter, © Verlag Herder, Freiburg i. Br., 3. Aufl. 1984 / S. 44, aus: dies., loben ohne lügen. gedichte, © Wolfgang Fietkau Verlag, Kleinmachnow 2000, / S 52ff. (Ausschnitt), aus: dies., zivil und ungehorsam. gedichte, © Wolfgang Fietkau Verlag, Kleinmachnow, 2. Aufl. 1995 / S. 54, aus: dies., verrückt nach licht. gedichte, © Wolfgang Fietkau Verlag, Kleinmachnow, 3. Aufl. 2003 / S. 64 (Ausschnitt) und S. 71 aus: dies., fliegen lernen. gedichte, © Wolfgang Fietkau Verlag, Kleinmachnow, 6. Aufl. 2006 / S. 70, aus: dies., spiel doch von brot und rosen. gedichte, © Wolfgang Fietkau Verlag, Kleinmachnow, 4. Aufl. 2006. / **Maria Stiefl-Cermak**: S. 48, © bei der Autorin. / **Sabine Ulrich**: S. 27 und S. 80, © bei der Autorin. / **Rudolf Otto Wiemer** (1905-1998): S. 68, aus: ders., Ernstfall, © J. F. Steinkopf Verlag GmbH, Stuttgart/Kiel, 3. Aufl. 1989. / **Angelika Wolff**: S.98f., © bei der Autorin. / **Jörg Zink**: S. 14, © Verlag am Eschbach.